中学入試

分野別

＼集中レッスン／

国語 記述力

海老原成彦［編著］

文英堂

はじめに

「まったくの初歩《しょほ》から、難関《なんかん》中学に合格《ごうかく》できるレベルにまで到達《とうたつ》するために必要《ひつよう》なことのうち、もっとも大切なことをできるかぎり短時間で身につける。」

これが本書の目的《もくてき》です。国語がのびなやんでいる人、国語の上手な勉強方法《ほうほう》がわからない人、そしてこれから受験《じゅけん》勉強を始めようとしている人、それぞれの人たちにとって、大切なことだけをムダなくトレーニングできるようになっています。

人間の脳《のう》は、単純《たんじゅん》に暗記した知識《ちしき》や解《と》き方《かた》よりも、自分で考え、そして気づいたことの方を結果《けっか》としてよく記憶《きおく》しているものです。そのため本書も、さまざまな形式の設問《せつもん》を解くことを通して、知識や解き方が身につくように構成《こうせい》されています。

現在《げんざい》の中学入試《にゅうし》では、記述《きじゅつ》問題を出題しない学校の方が少なくなっています。記述問題は受験生《じゅけんせい》の論理的《ろんりてき》な思考力を試《ため》すのに適《てき》した出題形式として、完全《かんぜん》に一般化《いっぱんか》しました。しかし、記述力を養成《ようせい》する方法はいまだに開発途上《とじょう》であり、効果的《こうかてき》な準備《じゅんび》ができているか否《いな》かで、大きな差《さ》がつく分野でもあります。本書は、「記述がまったく書けないレベル」から「難関中学の問題で高得点《こうとくてん》をとるレベル」にまで到達することを目的に構成されています。さらに公立中高一貫校《いっかんこう》の作文対策《たいさく》も加《くわ》えたほか、読書感想文の書き方についてのアドバイスもあつかっています。

本書が、みなさんが夢《ゆめ》をかなえるための一助となることを願《ねが》ってやみません。

編著者《へんちょしゃ》

この本の特色と使い方

『中学入試　分野別集中レッスン　国語』シリーズは、中学入試《にゅうし》の国語で必要《ひつよう》とされる四つの力（読解《どっかい》力、漢字・文法《ぶんぽう》力、語彙《ごい》力、記述《きじゅつ》力）を、それぞれ、短期間でレベルアップさせることを目的《もくてき》に作られました。

1. ていねいな解説《かいせつ》と「やってみよう」で記述問題に答えるコツが身につく

「ステップ１」「ステップ２」と段階《だんかい》をふんで、わかりやすく解説《かいせつ》し、最後《さいご》に「ポイント」として、大事なことをまとめています。この「ステップ」や「ポイント」を読みながら、「やってみよう」に取り組みましょう。解説されている内容《ないよう》が具体的《ぐたいてき》に理解《りかい》でき、「こういう場合にはこうするんだ」と実感できます。

2. 工夫《くふう》された「ガイド付《つ》き練習問題」

練習問題は、読み方のガイドを付けた「ガイド付き練習問題」です。最初《さいしょ》に問題文を読み、次にガイドを問題文と照《て》らし合わせながら確認《かくにん》して、問いに答えます。「ガイド」をふまえて、問いの記述問題に答えることで、問題文において注目すべき部分や正解《せいかい》となる記述への結びつけ方が具体的に理解できます。

3. 精選《せいせん》された「入試問題にチャレンジ」

各章最後の「入試問題にチャレンジ」は、むやみに難《むずか》しい問題ではなく、この本を選《えら》んでくれる人は、今どんなレベルで、どんな力をつければ合格圏《ごうかくけん》内に近づけるかを考えぬいて選ばれた良問ばかりです。

もくじ

1章 これだけで苦手から脱出《だっしゅつ》！

1 設問文《せつもんぶん》を読んで、「問われていること」を確認《かくにん》しよう …… 8
2 「なぜ？／どんな気持ち？」の答え方を覚《おぼ》えよう …… 10
3 「どういうことか？」の答え方を覚《おぼ》えよう …… 12
4 書き出す前に「着陸《ちゃくりく》地点」を決めよう …… 14
5 幼《おさな》い書き方を卒業《そつぎょう》しよう …… 16
ガイド付き 練習問題 1 …… 18
入試問題にチャレンジ …… 20

2章 物語文の記《き》述《じゅつ》対策《たいさく》

1 「気持ちことば」を使ってまとめよう …… 22
2 「複数《ふくすう》の気持ち」のまとめ方を覚《おぼ》えよう …… 24
3 「直接《ちょくせつ》の理由」と「間接《かんせつ》の理由」を整理して書こう …… 26
4 「気持ちの変化《へんか》」の書き方を覚《おぼ》えよう …… 28
5 「もの」にこめられた気持ちをわかりやすく説明《せつめい》しよう …… 30
ガイド付き 練習問題 1 …… 32
ガイド付き 練習問題 2 …… 34

入試問題にチャレンジ……36

3章 説明文《せつめいぶん》の記述《きじゅつ》対策《たいさく》
1 文中のことばを上手に使ってまとめよう……40
2 因果関係《いんがかんけい》をはっきりさせた答えを書こう……42
3 抽象的《ちゅうしょうてき》にまとめるコツを覚《おぼ》えよう……44
4 比較《ひかく》して説明《せつめい》するコツを覚《おぼ》えよう……46
5 筆者の考えをまとめるコツを覚《おぼ》えよう……48
ガイド付き 練習問題1……50
ガイド付き 練習問題2……52
入試問題にチャレンジ……54

4章 公立中高一貫校「作文」対策《たいさく》
1 「あなたの考え」を書くコツを覚《おぼ》えよう……58
2 文章に合った「自分の経験《けいけん》」を思い出すコツを覚《おぼ》えよう……60
3 元になる文章のない、完全《かんぜん》な「作文」のコツを覚《おぼ》えよう……62
ガイド付き 練習問題1……64
ガイド付き 練習問題2……68
入試問題にチャレンジ……72

5章 これだけで記述《きじゅつ》名人！
1 「下げておいてから上げる」書き方で上手に強調しよう …… 76
2 「共通点」と「ちがい」を整理して上手に比較《ひかく》しよう …… 78
3 重文と複文《ふくぶん》を自在《じざい》に書けるようにして一文でまとめよう …… 80
4 効果的《こうかてき》な「まとめことば」を使ってトドメをさそう …… 82
5 「ビフォー」と「アフター」で記述《きじゅつ》力を上達《じょうたつ》させよう …… 84
ガイド付き 練習問題 1 …… 86
ガイド付き 練習問題 2 …… 88
入試問題にチャレンジ …… 90

6章 読書感想文対策《たいさく》
1 「切り口」を見つけ、書き出しを工夫《くふう》しよう …… 94
2 「自分が何を学んだのか」をはっきり書こう …… 96
ガイド付き 練習問題 1 …… 98

● 別冊 ［ガイド付き練習問題］［入試問題にチャレンジ］の解答

1 設問文《せつもんぶん》を読んで、「問われていること」を確認《かくにん》しよう

ステップ1

記述《きじゅつ》問題でスラスラ答えられそうにないときは、「何字で書くか」はいったん、忘《わす》れること。

記述問題を前にすると「何を書けばよいのかわからない」「決められた字数どおりにまとめるなんて無理《むり》」と思って固《かた》まってしまう人もいるのではないでしょうか。それは、問題を見ても字数に合うほど書くことが思いうかばないから。そこでアドバイスをひとつ。設問文を読むときに「何字で書くか」はいったん、忘れることです。そして、もっとも大切なことだけに集中すればよいのです。

ステップ2

大切なのは、「字数」よりも「何が問われているか」。

「何が問われているか」とは、言いかえると「何を答えればよいか」ということです。つまり「記述《きじゅつ》のゴール」ですね。どこかに外出するときに、「どれだけ時間がかかるのか」よりも、まず「どこに行くのか」がはっきりしないと出発できないのと同じです。ただ、「問われてい

やってみよう 1

次の①〜③の設問文《せつもんぶん》で「問われていること」に線を引こう。

①「太郎《たろう》は涙《なみだ》をこらえきれなかった」とあるが、太郎はなぜ泣いているのか。その理由を答えなさい。

②「老人《ろうじん》のことばにみなおどろいた」とあるが、「老人」はむかし何をしていたと考えられるか。想像《そうぞう》して答えなさい。また、その理由を説明《せつめい》しなさい。

③「このちがいは大きい」とあるが、何と何のどこがちがうというのか、答えなさい。

答え

①＝太郎はなぜ泣いているのか。その理由

②＝「老人」はむかし何をしていたと考えられるか。その理由

③＝何と何のどこがちがうというのか、

♫ 何が問われていて、何を答えればよいのか考えよう。

ること」は一問一問異《こと》なります。実際《じっさい》にどんな記述問題が出るのかがわからない中、どう対応《たいおう》したらよいでしょうか。実は、本番でどのような問題が出されても対応できる練習の仕方があるのです。

↓ やってみよう 1

ポイント 1

記述《きじゅつ》問題の問いを次の二つのパターンに分類《ぶんるい》してみる。

① 「なぜか？／どんな気持ちか？」型《がた》

② 「どういうことか？」型

記述問題は、実はほとんどこの二パターンに分類できます。ひとつは「なぜか？」という理由のパターン。物語文などでよく出る「どんな気持ちか？」という問いも「なぜか？」のパターンにくくることができます。ですから、「なぜか？／どんな気持ちか？」のパターンとしてまとめます。そして、もうひとつは「どういうことか？」という言いかえ・説明《せつめい》のパターンです。この二パターンに対応する答え方をマスターしておけば、ほとんどの記述問題が解《と》けるのです。

↓ やってみよう 2

やってみよう 2

次の①～⑥の設問《せつもん》は、A「なぜか？／どんな気持ちか？」型《がた》か、B「どういうことか？」型か、それぞれ答えよう。

① 「水はぼくが持って行くんだい」とあるが、「ぼく」が水を持っていくことにこだわっているのはどうしてか、説明《せつめい》しなさい。

② 「早く。早くお母さまを呼《よ》んでいらっしゃい」という部分から、「ばあや」のどのようなようすがわかるか、答えなさい。

③ 「きちんと、正しくあいさつしなさい」という先生のことばを聞いて少年はどのように思ったか、答えなさい。

④ 「ぼくはなんだか、ばかばかしくなっていた」とあるが、このように思うようになったきっかけは何か、説明しなさい。

⑤ 二か所の「ふつう」は同じことばが用いられているが、その内容《ないよう》には大きなちがいが見られる。そのちがいがわかるようにそれぞれ説明しなさい。

⑥ 「このごろは一般《いっぱん》に文章への関心《かんしん》が高まっているらしい」とあるが、筆者はどうしてそのように判断《はんだん》したのか、答えなさい。

答え ①＝A ②＝B ③＝A ④＝B ⑤＝B ⑥＝A

♫ 「理由」を問われているのか、「言いかえ・説明《せつめい》」を求《もと》められているのか、見分けよう。

2 「なぜ？／どんな気持ち？」の答え方を覚《おぼ》えよう

ステップ1
記述《きじゅつ》問題の基本《きほん》中の基本は「なぜ？／どんな気持ち？」。

「○○はなぜ泣《な》いたのですか」「△△がうなずいたとき、どんな気持ちでしたか」。キミたちもこのような問題に出会ったことがきっとあるはずです。さまざまな記述問題の中で、おそらく**このような問い方が一番多いと思われます**。それならば、苦手から脱出《だっしゅつ》したいと願《ねが》っているキミたちが最初《さいしょ》にやるべきなのは、このパターンの書き方をマスターすることでしょう。

ステップ2
「ゴール」だけでなく「パス」も大事なはず。

サッカーのゴールシーンを思いうかべてみてください。いきなりゴールなんてありえないですよね。かならずその前には、パスやドリブル、あるいは相手のミス、つまり**ゴールが生まれるまでの「過程《かてい》（道のり）」**があるはずです。**ゴールだけを見るより、それにつながる過程から見る方が楽しいし、強く印象《いんしょう》に残《のこ》りますよね**。実は記述《きじゅつ》にも同じことがいえるのです。

↓ やってみよう 1

やってみよう 1

次の①〜③はあとにあげた〔問い〕の答えの一部です。ア〜ウのどの問いに対する答えか、記号で答えよう。

① 学級委員に選《えら》ばれるかどうかが気になって仕方ないことを周《まわ》りの人たちに知られたくなかったから。

② 期待やうれしさによって興奮《こうふん》していることを周りの人たちに気づかれまいという気持ち。

③ はずかしさをふりきり、素直《すなお》にもっとみんなとうちとけようと思った。

〔問い〕

ア 「うっとうしそうに声をあげた」のはどういう気持ちからか、答えなさい。

イ 「きちんとあいさつしなさい」という先生のことばを聞いて少年はどのように思ったか、答えなさい。

ウ 「うっとうしそうに声をあげた」とあるが、どうして少年はこのような態度《たいど》をとったのか、説明《せつめい》しなさい。

答え ①＝ウ　②＝ア　③＝イ

ポイント2

「なぜ？／どんな気持ち？」の問題には、という「記述《きじゅつ》ブロック」にことばをあてはめればよい。

理由 ［例］みんなの前でほめられて、
↓
気持ち ［例］うれしかったから。／うれしい気持ち。

サッカーが「パス→ゴール」であるように、記述も「理由→気持ち」という形でまとめたものが一番読みやすいのです。基本の型《かた》さえ決めておけば、後は文章の中からふさわしいことばをあてはめるだけで完成《かんせい》です。小さなブロックのピースを組み合わせて何かを作り出すおもちゃがありますが、記述も同じように考えることができます。長い文章を一気に書こうと思わず、小さなピースを組み合わせて作る「記述ブロック」としてとらえて練習を進めていきましょう。

↓ やってみよう2

やってみよう2

次の文章を読んで、「けれど」よりあとの部分での「ぼく」の気持ちとその理由を、「記述ブロック」にあてはめてみよう。

ぼくが通う学習《がくしゅう》塾《じゅく》では毎月クラス替《が》えテストが行われている。先月は一生懸命《いっしょうけんめい》がんばって勉強したので、テストの成績《せいせき》もずいぶん上がった。そして今月、いよいよぼくはあこがれていたクラスに入った。

けれど、このクラスの先生はどんどん生徒に答えを言わせるんだ。そして、周《まわ》りのみんなは聞かれたことにスラスラと答えられるので、ぼくはもうびっくりしてしまった。みんなの前でまちがえたらはずかしい。正解《せいかい》を答える自信《じしん》がない。ぼくは心の中で「どうか指されませんように」といのりながら、先生と目が合わないようにずっとうつむいていた。

理由のブロック［　　　　　　　　］（三十字前後）
↓
気持ちのブロック［　　　　　　　　］（十字前後）

答え　理由＝みんなの前でまちがえるのははずかしいし、正解を答える自信もない。
気持ち＝指されないように願う気持ち。

「気持ち」を先に考えてみよう。

3 「どういうことか？」の答え方を覚《おぼ》えよう

ステップ1
もうひとつの基本《きほん》は「わかりやすく言いかえる」こと。

ふだん使わないむずかしいことばを聞いたとき、「それはどういう意味か」と考えることがあります。また、短いことばで表したことが「実際《じっさい》にはどんな時のようすを指しているか」と想像《そうぞう》することもあるでしょう。記述《きじゅつ》問題にもそのように、文章中に書いてあることが「どういうことか」をわかりやすく言いかえる問題が数多く出されています。

↓ やってみよう 1

ステップ2
「意味を変えずにことばだけを変《か》える」のは、まるで外国語の翻訳《ほんやく》のような作業。

「スマホ」「ドン引き」「マジで？」。ふだん何気なく使っていることばの意味を、そのことばを初めて聞いたという人に説明《せつめい》しなくてはならなくなったらどうしますか？　ことばのもつ意味が相手に伝《つた》わるように、別《べつ》のことばや別の言い方でわかりやすく説明するのは案外《あんがい》むず

やってみよう 1

次の設問《せつもん》のうち、「どういうことか？」にあたる部分に線を引いてみよう。

① 「黒くて重い何か」とは何をさしているか、答えなさい。

② 「本の読み方がよろしくない」とあるが、どのような読み方ならよいと考えられるか、答えなさい。

③ 「五十年以上年齢《ねんれい》の離《はな》れたふたりは本気でけんかをしだした」とあるが、このことからおばあさんがどのような人であるとわかるか、答えなさい。

答え　①＝何　②＝どのような読み方　③＝どのような人

やってみよう 2

次の文章を読んで、あとの問いに答えよう。

サッカーの試合《しあい》が終わると、日ごろから多くの若者《わかもの》でにぎわう街《まち》に数万人の群衆《ぐんしゅう》がくりだした。中には酒を飲んで暴《あば》れたり、興《こう》奮《ふん》して周《まわ》りにめいわくがかかるほど大騒《おおさわ》ぎをしたりする者があちこちで現《あらわ》れ、非常《ひじょう》に危険《きけん》な状態《じょうたい》だった。①これに対して警察《けいさつ》は、強制的《きょうせいてき》に力ずくで押《お》さえつけようとするのではなく、混乱《こんらん》を防《ふせ》

かしいものです。でも、そんなときでも大まかな型《かた》を決めておけばずいぶんやりやすくなるのです。

ポイント3 「主語」と「述語《じゅつご》」をはっきりさせて、の形にまとめる。

何が―どうした
何が―どんなだ
何が―何だ

あることばの意味を説明《せつめい》するとき、相手にもわかる熟語《じゅくご》などの短いことばが思いつけばよいのですが、そうでなければ、やはり説明は長くなってしまうでしょう。そんなときこそ「主語→述語」がはっきりわかるような文でていねいに説明することが大切です。「どういうことか?」のパターンの問題は三つの形のどれかにあてはめてまとめるとよいでしょう。

やってみよう 2

ぐために適切《てきせつ》な呼《よ》びかけによって、人々が秩序《ちつじょ》ある行動をとるよう、心に訴《うった》えかけた。②これは、その場にいた多くの人々から共感《きょうかん》を得《え》て、心配された混乱はほとんど起きなかった。警察の呼びかけによって、人々は自発的に秩序を保《たも》とうとした。また、③これにより、連帯感《れんたいかん》も持つことができたという点で画期的《かっきてき》な方法《ほうほう》だったといえよう。このことは、マスメディアやインターネットを通じて多くの人々にも伝《つた》わり、大きな話題となった。

①　――線①〜③の「これ」がどういうことをさしているか説明《せつめい》した次の文の［　］にあてはまる、述語《じゅつご》となることばをぬき出して答えなさい。

①　興奮した数万人の群衆が［　　　］こと。
②　警察が秩序を保つよう人々の［　　　］こと。
③　警察の呼びかけで人々が［　　　］こと。

②　①の文の主語と述語の関係《かんけい》が次のA〜Cのどの形にあてはまるか、記号で答えなさい。

主語と述語の形

A	B	C
何が―どうした	何が―どんなだ	何が―何だ

答え
①　①＝危険な状態だった　②＝心に訴えかけた　③＝自発的に秩序を保とうとした
②　①＝B　②＝A　③＝A

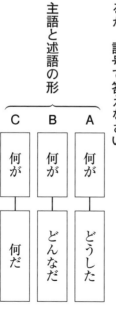

4 書き出す前に「着陸《ちゃくりく》地点」を決めよう

ステップ1

いきなり記述《きじゅつ》を書き始めても最後《さいご》まで一気に書くのはむずかしい。

書き出してはみたものの、途中《とちゅう》でことばが思いうかばなくなってしまったことはありませんか。どうしても先に進めなくなって、また最初《さいしょ》から書き直すような悲惨《ひさん》な経験《けいけん》をもっている人もいるかもしれません。こんなことにならない方法《ほうほう》をアドバイスしましょう。

ステップ2

「着陸《ちゃくりく》地点＝結論《けつろん》」は「出発地点＝問い」につながっていなければならない。

書いている途中で止まらないようにするには、書き始める前に「終わり方」を決めておけばよいのです。例《たと》えて言うと、飛行機《ひこうき》が飛《と》び立つ前にどこに着陸するか決めておく、ということです。あらかじめ記述の最後の部分を大まかに決めておけば、書き始めた後で立ち往生《おうじょう》することはありませんね。では、「着陸地点」はどうやって決めればよいでしょう。実は設問《せつもん》文がそれをはっきり示《しめ》しているのです。

やってみよう 1

次の文章を読んで、あとの問いに答えよう。

ふと気づくと近くにつえを持ったおばあさんが手すりをしっかりにぎって電車のゆれに耐《た》えていた。見かねて席《せき》をゆずろうとしたその時、となりに座《すわ》っていた男の人がおばあさんに笑顔《えがお》で声をかけた。おばあさんはえんりょがちに、何度もおわびとお礼《れい》を言いながら席に座った。一方、おばあさんと入れ替《か》えに席を立った男の人は少しはなれたところに行き、つり革《かわ》をにぎって窓《まど》の外の景色《けしき》を見ていた。

私にはどうして男の人が、わざわざ少しはなれた場所まで行ったのか、わからなかった。良《よ》いことをしたのにどうしてなのだろう。本当は席をゆずりたくなかったのだろうか。おばあさんに不《ふ》満《まん》があるのだろうか。まさかそんなことはあるまい。もしかすると、良いことをしたのがはずかしいのだろうか。その場に立つと、良いことをしたと見せびらかすようでいやだったのだろうか。どちらも少しちがうような気がする。

それからしばらく考えていると、あることを思いついた。もし、ゆずった席の前に立ったとしたらどうなっただろう。きっと、おばあさんはそれからも、何度もおわびとお礼を言ったにちがいない。そうか。おばあさんを思いやっていたのか。だから男の人は

ポイント4

「考える順番《じゅんばん》」と「書く順番」を区別《くべつ》して、まずは頭の中で「設計図《せっけいず》」を作ってから書く。

考える順番
① 気持ち ← ② その理由

書く順番
① その理由 ← ② 気持ち

「○○が泣《な》いたのはなぜか」という問題があったとします。読み終えた文章の内容《ないよう》を再確認《さいかくにん》し、「うれしい」という気持ちで泣いていることがはっきりすれば、設問文《せつもんぶん》の横に「うれしい」とひとことメモしておきましょう。これが「着陸地点《ちゃくりくちてん》」です。その後は「では、どうしてうれしい気持ちになったのか」を再確認し、それがはっきりとわかったら、そこで記述《きじゅつ》を書き始めればよいのです。一見面倒《めんどう》な作業ですが、こうすれば決して立ち往生《おうじょう》することはありません。

やってみよう 1

わざわざはなれたところに行ったんだ。男の人は相変《あいか》わらずぼーっと窓の外を見ている。つり革《かわ》につかまって電車のゆれにあわせてゆらゆらしながら。

① ――線「だから男の人は～行ったんだ」とあるが、男の人がはなれたところに行った理由を「私」はどう考えたか。ふさわしいものを次のア～エから選《えら》び、記号で答えなさい。

ア おばあさんに不満があったから。
イ 自分がいやだったから。
ウ 自分がはずかしかったから。
エ おばあさんを思いやったから。

② ①の答えを「気持ち」つまり着陸地点《ちゃくりくちてん》にして、①・②の手順《てじゅん》でその理由を答えなさい。

① 文章の中で「理由」にあたる部分に線を引く。
② 「男の人」がはなれたところに行った理由を答える。

答え

① エ

② ①＝きっと、おばあさんはそれからも、何度もおわびとお礼を言ったにちがいない。（16～17行目）
②＝おばあさんが何度もおわびやお礼を言わなくてすむように、おばあさんを思いやったから。

幼《おさな》い書き方を卒業《そつぎょう》しよう

ステップ1 話しことばや「～という気持ち」は幼《おさな》い。

実際《じっさい》の年齢《ねんれい》よりも幼く見られてしまうことは、記述《きじゅつ》の解答《かいとう》について言えば決して良《よ》いことではありません。記述によってその人がどれくらいの学力があるのかが判断《はんだん》されるのですから、幼い印象《いんしょう》をあたえないよう工夫《くふう》して文章を書くことも大切です。そこで何よりもまず注意したいのが「話しことば」です。「うれしいなあと思います」や、「うれしいなあという気持ち」は「うれしいと思います」「うれしい気持ち」と書くだけで十分です。

↓ やってみよう 1

ステップ2 主語と述語《じゅつご》が合っていない文も幼《おさな》い。

さらに「キャンプの楽しい思い出はまた行きたかった。」というように正しい文の形になっていない文も幼い印象《いんしょう》をあたえます。どんなことを書くか、頭の中で整理してから書き出せば、このようなミスは起きないのですが、話しことばと同じように、頭で思いついたこと

やってみよう 1

次の文章の中で書き直したほうがよいと思われるところが三つあります。その部分に線を引き、正しく直してみよう。

ぼくは弟が宿題をほったらかしにして遊びに行くのを見て、そんなことをしたらお母さんがおこってしかられるよと思いました。そして弟に遊びに行かない方がいいよと言いました。それでも弟は行ってしまったので、どうなるんだろうなあという気持ちになりました。

答え

お母さんがおこってしかられるよと思いました。（2行目）
↓お母さんにおこられる（しかられる）と思いました。

遊びに行かない方がいいよと言いました。（3行目）
↓遊びに行かないよう（行くなと）言いました。

どうなるんだろうなあという気持ちになりました。（4～5行目）
↓心配しました。（心配になりました。）

♫ 話しことばをできるだけ減《へ》らしてみよう。

ばをそのまま書こうとすると混乱《こんらん》した文になってしまうおそれがあるので注意しましょう。

ポイント5 述語《じゅつご》を大切にして単文《たんぶん》をしっかり書く。そして、できるかぎり「気持ちことば」を使って書く。

単文 [例] 妹は（主語） とても 喜んだ。（述語）

「書く」という作業は「話す」に比《くら》べると相当頭を使わなくてはなりません。思いつきで書こうとせず、一文一文をしっかり考えた上で書いてほしいものです。文の中に主語と述語がひとつだけある単文を、まずしっかり書けるようにしましょう。そして自分が感じたままの気持ちを書くのではなく、その気持ちを表すのにふさわしい「気持ちことば」を使ってまとめる習慣《しゅうかん》をつけましょう。

↓ やってみよう2

やってみよう2

次の文をまず、「ぼく」または「弟」を主語にして七つの単文《たんぶん》に分けてみよう。そして、意味が通るように三つの文にまとめてみよう。

小さいころに犬においかけられてこわい思いをして犬ぎらいになったぼくと弟がみかけた犬を犬好きの弟はだきあげてかわいがった。

答え

【七つの単文に分けた場合】
ぼくは小さいころに犬においかけられた。／ぼくはこわい思いをした。／ぼくは犬ぎらいになった。／ぼくと弟は犬をみかけた。／弟は犬好きだ。／弟は犬をだきあげた。／弟は犬をかわいがった。

【三つの文にまとめた場合】
ぼくは小さいころに犬においかけられてこわい思いをして犬ぎらいになった。／ぼくと弟は犬をみかけた。／犬好きの弟は犬をだきあげてかわいがった。

主語（「ぼく」「弟」）をはっきりさせ、述語《じゅつご》との組み合わせを考えて、文を作ってみよう。

ガイド付き

練習問題 1

次の文章を読んで、下の1～2に答えなさい。

そんなことより気になったのは、帰ってきた麻子《あさこ》が、ちょっと元気がないように見えたことだった。いつもと変《か》わらず、「春太《はるた》、散歩《さんぽ》に行こうか」と声をかけてきたから、気のせいかと思っていたんだけど、やっぱり様子がおかしい。

「なにか心配事か？」

俺《おれ》は、ちょっと遅《おく》れてついてくる麻子を振《ふ》り返った。「夜道でも危《あぶ》なくないぞ。暴漢《ぼうかん》が襲《おそ》ってきたら、俺が撃退《げきたい》してやるから」

麻子は黙《だま》っている。俺はどうしたらいいのかわからなくなった。麻子がなにかを悩《なや》んでいる。だけど、その原因《げんいん》が伝《つた》わってこない。

散歩ルートの途中《とちゅう》にある、小さな児童公園に入った。街灯《がいとう》に照《て》らされた、ジャングルジムとすべり台。夜の公園では、遊具までがなんだかさびしそうだ。

桜《さくら》はもう、すべて散《ち》ってしまった。

麻子はベンチに座《すわ》った。俺は麻子のまえに立って、麻子が悩みを打ち明けてくれるのを待った。

「また寒さが戻《もど》ってきたね。春は天気が不安定《ふあんてい》だから」

「うん。でもそれもそろそろ終わりだ。葉っぱがいっせいに芽吹《めぶ》く気配

ガイド 【　】をうめながら、読み進めよう。

答え➡別冊2ページ

これは、「俺」が、【　　】の様子を見て感じたことです。なにかを【　　】しているようで、【　　】がない様子なのを、「俺」は心配しているのです。

「俺は鼻をひくつかせてみせた」とありますが、

① 「俺」の名前を答えましょう。【　　】

② この行動から、「俺」の正体が何だとわかりますか。漢字一字で答えましょう。【　　】

がしてる」

俺《おれ》は鼻をひくつかせてみせた。そんな俺の顔を見ていた麻子《あさこ》の頰《ほお》に、突然《とつぜん》涙《なみだ》がころがりおちた。

「どど、どうしたんだ麻子!」

俺はびっくりしてしまった。麻子が泣《な》くなんて、これまでなかったことだ。

「どっか痛《いた》いのか? 米倉《よねくら》のやつになんか言われたのか?」

俺が必死《ひっし》になだめても、麻子はうつむいて身を震《ふる》わせている。①俺は麻子の膝《ひざ》に両手を置《お》き、のびあがってそっと涙をなめた。途方《とほう》に暮《く》れている麻子の心が凝縮《ぎょうしゅく》した、しょっぱい味がする。

「どうしよう。どう答えたらいいだろう」

と麻子はつぶやいた。

「泣くなよ、麻子。俺がいるじゃないか。な?」

麻子の両腕《りょううで》が、ぎゅっと俺の背《せ》にまわされる。抱《だ》きしめられて、俺も麻子の首筋《くびすじ》に頰をすりよせた。

ほら、麻子。こうやってくっついてると、ぬくもってくるだろう。泣くことなんかないんだ。俺がそばにいる。俺はいつだって麻子のことを考えてるし、思っている。だから笑《わら》っていてくれよ。

麻子の心臓《しんぞう》は、俺のものよりずっとゆるやかに鼓動《こどう》を刻《きざ》む。命の速度がちがうからだ。②俺はせつない。そして悲しい。麻子の悲しみを感じるのに、できることはあまりに少ない。


〈三浦《みうら》しをん『きみはポラリス』〉

1 ――線①「俺は麻子の膝に両手を置き、のびあがってそっと涙をなめた」とあるが、このときの「俺」の気持ちを説明《せつめい》しなさい。

「　　　　」

「　　」である「　　」が、麻子のことをなんとか元気づけようとしていることから、麻子のことをとても「　　」していることがわかります。

← この気持ちを、麻子はわかっているでしょうか。正しいほうを選びましょう。[わかっている/わかっていない]

2 ――線②「俺はせつない。そして悲しい」とあるが、このときの「俺」の気持ちを説明しなさい。

「　　　　」

(出題例　東京・立教池袋中)

入試問題にチャレンジ

次の文章を読んで、下の問いに答えなさい。

「あれ」

下駄箱《げたばこ》の奥《おく》に、白い表紙のノートが入っている。サイン帖《ちょう》だった。

「誰《だれ》のだろう」

ぱらぱらとページをめくり、恭介《きょうすけ》はびくんとして手をとめた。あいつのだ。あいつのサイン帖だ。どのページもみんな、なみちゃんへ、で始まっている。なみちゃんというのは野村《のむら》さんの名前だった。①恭介は、すのこをがたがたとけって校庭にとびだした。冬の透明《とうめい》な空気の中を、思いきり走る。かばんがかたかた鳴る。

家にとびこんで、ただいま、と一声どなると、恭介は階段《かいだん》をかけあがり、自分の部屋に入った。かばんの中からサイン帖をだす。野村さんのサイン帖。一ページずつ、たんねんに読む。おなじような言葉ばかりが並《なら》んでいた。卒業《そつぎょう》、思い出、別《わか》れ、未来《みらい》。

②「おもしろくもないや」

声にだしてそう言って、恭介はノートを机《つくえ》のうえにぽんとほうった。

その日はそのあとずっと、サイン帖のことが頭をはなれなかった。夕食のあいだも、おふろのあいだも、テレビをみているあいだも、恭介は頭のどこかでサイン帖《ちょう》のことを考えていた。みんなの前で、僕《ぼく》は書かな

問1 ――線①「恭介は、すのこをがたがたとけって校庭にとびだした。冬の透明な空気の中を、思いきり走る。かばんがかたかた鳴る」とあるが、ここからわかる恭介の心情《しんじょう》を説明《せつめい》しなさい。

［　　　　　　　　　　　　　　　　　　　］

問2 ――線②「『おもしろくもないや』」とあるが、恭介はなぜこう言ったのか、説明しなさい。

［　　　　　　　　　　　　　　　　　　　］

答え➡別冊42ページ

いよって言ったんだ。書けるわけがないじゃないか。それなのにこっそり下駄箱《げたばこ》に入れるなんて、絶対《ぜったい》、書いてなんかやるもんか。恭介《きょうすけ》はいつもより少し早く、自分の部屋にひきあげた。

ドアをあけると、机《つくえ》の上の白いノートがまっさきに目にとびこんでくる。あーあ。やっぱり僕はジャングルに住みたい。ジャングルには卒《そつ》業《ぎょう》なんてないもんな。そりゃあ、中学にいけばいいこともあるかもしれない。あいつよりかわいい子がいて、大島《おおしま》よりぼんやりした教師《きょうし》がいるかもしれない。でも、それはあいつじゃないし、大島じゃない。僕だって、今の僕ではなくなってしまうかもしれない。恭介は机の前にすわり、青いサインペンで、ノートに大きくこう書いた。

野村さんへ。

③俺《おれ》たちに明日はない。暮林《くればやし》恭介。

いつか観《み》た映画《えいが》の題名は、そっくりそのまま今の恭介の気持ちだった。

〈江國香織《えくにかおり》「僕《ぼく》はジャングルに住みたい」〉

問3 ——線③「俺たちに明日はない」とあるが、この言葉にこめられた恭介の気持ちを七十五字以内《いない》で説明しなさい。

（東京・成蹊中）

ヒント

問1 「理由→気持ち」にあてはめて、「恭介」の心情をとらえよう。

問2 直前の部分に注目してみよう。

問3 今の「恭介」が置《お》かれている状況《じょうきょう》を考えてみよう。

1 「気持ちことば」を使ってまとめよう

ステップ1

一番多いのは「気持ち」を説明《せつめい》する問題。

物語文の読解《どっかい》を通して、国語の学力をはかるとき、文章を読み進めながら、登場人物の気持ちを正しく読み取れているかが決め手となります。そして、それをわかりやすく説明《せつめい》させる記述問題も多く、気持ちに関《かん》する問題がやはり重要《じゅうよう》になってきます。

ステップ2

問いにふさわしい「気持ちことば」が思いつけばできたも同然《どうぜん》。

1章でも説明したように、書き方については大まかにパターン化することができますので、それらを身につけさえすれば心配はいりません。身につけた「記述ブロック」にあてはまることばを正しく見つけることができればよいのです。大切なことは、読みとった登場人物の気持ちを適切《てきせつ》に言いかえる「気持ちことば」を思いつくかどうかなのです。

やってみよう 1

次の「気持ちことば」のうち、「マイナス(－)の気持ち」を選《えら》んで答えよう。

いらだつ	感謝《かんしゃ》する	得意《とくい》になる	失望《しつぼう》する
ねたましい	ほこらしい	反発する	はげます
うしろめたい	おうえんする	気まずい	反省《はんせい》する
感心する	感動する	後悔《こうかい》する	はりきる
強がる	意気ごむ	情《なさ》けない	親しみをもつ

答え いらだつ　失望する　ねたましい　反発する　うしろめたい　気まずい　反省する　後悔する　強がる　情けない

やってみよう 2

次の文章を読んで、あとの問いに答えよう。

弟でも妹でも、あるいはペットでも、自分よりも小さくて力の弱いものをぶったときほど、いやな気分はないだろう。たとえ、

ポイント6 「プラス（＋）の気持ち」と「マイナス（－）の気持ち」とに分けて気持ちことばを覚《おぼ》えよう。

文章を読みながら人物の気持ちが読み取れても、それを的《てき》確《かく》に表す気持ちことばが思いうかばず、モヤモヤすることも少なくないでしょう。日ごろから気持ちことばを身につける、ふやし続《つづ》けることがとても重要《じゅうよう》です。その際《さい》に、できるだけ、ことばをグループ分けして理解する習慣《しゅうかん》をつけるとよいでしょう。ひとつは「プラス（＋）」と「マイナス（－）」で気持ちを「明るい（良い）」↕暗い（悪い）」で分類《ぶんるい》する方法《ほうほう》です。そしてもうひとつは、「相手」か「自分」か、「だれ」に対する気持ちかで分類する方法です。

	自分に対する気持ち	相手に対する気持ち
＋	[例] ほこらしい	[例] たのもしい
－	[例] うしろめたい	[例] ねたましい

↓ やってみよう1　↓ やってみよう2

どんなに相手が悪かろうと、相手をぶった手の痛《いた》みはなかなか消えない。もちろん痛いのは相手の方だ。弟、妹、あるいはペットの悲しそうなさまを見るのはつらい。さぞ、痛かっただろう。でも、ぶった自分の心もとても痛むんだ。「なんでこんなことしてしまったんだろう。こんなことまでしなくたって……」。こんな気持ちはもう二度と味わいたくない、こんなことはもう二度とするまい、そう心にちかったことが、ぼくにはある。

1 ——線「こんな気持ち」とあるが、だれとだれに対する気持ちか文中からぬき出して答えなさい。

①［　　］と②［　　］

2 1で答えたそれぞれの人に対する気持ちとしてふさわしいものを次の中から選《えら》んで答えなさい。

にくらしい　もうしわけない　悲しい　情《なさ》けない　反発する

ぼくから［　　］に対して＝［　　］気持ち
ぼくから［　　］に対して＝［　　］気持ち

答え
1 ①＝相手　②＝自分
2 相手に対して＝もうしわけない
自分に対して＝情けない

♫ ①・②ともに順番《じゅんばん》が入れかわっていても正解《せいかい》です。

2

「複数《ふくすう》の気持ち」のまとめ方を覚《おぼ》えよう

ステップ1

字数は気持ちの「数」に関係《かんけい》している。

ここでは、記述《きじゅつ》問題の字数について考えてみましょう。問題によって指定される字数も、ある程度《ていど》グループ分けすることができます。①「二十字くらい」＝短い、②「四十字くらい」＝標準《ひょうじゅん》、③「六十字くらい」＝やや長い、④「八十字くらい」＝長い、⑤「百字以上」＝非常に長い、の五つのグループです。これまで学んだ「記述の基本《きほん》ブロック」で書けば、ひとつのブロックがだいたい四十字くらいになることを、ひとつのものさしとして覚《おぼ》えておくとよいでしょう。

ステップ2

「理由→気持ち」の基本《きほん》ブロックを、字数に合わせていくつもつなぎ合わせればよい。

そうすると、問題に指定された字数から、基本ブロックがいくつ必《ひつ》要《よう》になるのかがある程度《ていど》予想できます。文章の後半部分で出題される全体をまとめる問題や、心の中にある異《こと》なる二つの気持ちを説明《せつめい》する問題などは、やはり字数も長くなることが多いのです。長い字数の記述《きじゅつ》だからといっておそれる必要《ひつよう》はまったくありません。**記述の基**

やってみよう 1

次の文章を読んで、あとの問いに答えよう。

私《わたし》は朝だれよりも早く起きて、行くところがあった。市場へ行くのである。市場は朝露《あさつゆ》にぬれてまだねむっている。広い市場の中を私はねずみのようにかけてまわった。およそ食べられるものは拾うのである。ネギの葉、大根のくず、いもの捨《す》てたの、これらをなわで作った手さげかごにぶちこんで、急いで帰ってくるのである。うす明るくなったころを見はからって行かないと、人に拾われてしまうのだった。早すぎてもだめ、遅《おそ》すぎてもだめ、なわの手さげをもって、明ける空を待っているとき、このまま死んでしまいたいような気持ちによくおそわれた。

ある朝私は寝坊《ねぼう》してしまった。市場にはぼつぼつ戸を開ける音がしていた。野菜《やさい》売り場へ来て見ると、もう雨戸は開け放たれていた。私は立ち止まってその辺《へん》を探《さが》した。何もない、引き返そうとすると向こうを向いていた人が、くるっと向きをかえて、いきなり足下《あしもと》にあった、半分くさりかけた大根を、ボールかなんかのように私に目がけてけっとばしてよこした。私はよけそこなって、右の膝小僧《ひざこぞう》にごつんと受けとめた。

「はっははは……」

その男はいかにも気持ちよさそうに暁《あかつき》の空に向かって大声をた

本ブロックをつなぎあわせればいいのです。

ポイント7

「プラス（＋）の気持ち↕マイナス（－）の気持ち」に加《くわ》えて「相手に対する気持ち↕自分の気持ち」という分け方で整理してまとめるとよい。

複数《ふくすう》の気持ちをまとめる記述《きじゅつ》問題では、ひとつひとつの気持ちをしっかり分け、整理した上でていねいにまとめることが大切です。その分類《ぶんるい》・整理のしかたとして「＋か－」「相手か自分」という気持ちの種類《しゅるい》と方向がポイントになります。

［例］——線「複雑《ふくざつ》な気持ち」とはどのような気持ちか、六十字以内で説明しなさい。

毎朝そうじをしていたことを先生にほめられ、（理由）
ほこらしいのと同時に、（＋・自分に対する気持ち）
クラスのみんなに知られたことをめいわくに思う気持ち。（－・相手に対する気持ち）

やってみよう1

このようなまとめ方ができれば、合格《ごうかく》レベルです。

てて笑《わら》った。私《わたし》はあついものがこみ上げるのをがまんして、足下《あしもと》に落ちている大根を拾うと逃《に》げるように市場を出た。その人の笑い声は、私の後を追いかけるようにいつまでも聞こえていた。

〈藤原《ふじはら》てい『流れる星は生きている』〉

① ——線「その人の笑い声は～いつまでも聞こえていた」とあるが、このときの「私」の気持ちを考える手がかりになる、「私」の気持ちと行動がともに書かれている一文をぬき出して答えなさい。

② このときの「私」の気持ちを「自分に対する気持ち」と「相手に対する気持ち」に分けて、「気持ち」が続く形でそれぞれ答えなさい。

自分に対する気持ち＝［　　　　］気持ち
相手に対する気持ち＝［　　　　］気持ち

答え

① 私はあついものがこみ上げるのをがまんして、足下に落ちている大根を拾うと逃げるように市場を出た。（19～20行目）

② 自分に対する気持ち＝みじめな（情けない）気持ち
相手に対する気持ち＝くやしい（にくい）気持ち

3 「直接《ちょくせつ》の理由」と「間接《かんせつ》の理由」を整理して書こう

ステップ1

「理由」をくわしく書けば字数がかせげる。

字数は長いのに書くべき「気持ち」がひとつしかないときには、「理由」をていねいに書く必要《ひつよう》があります。どのようなできごとがあったのかをくわしく具体的《ぐたいてき》に書くほど字数がふやせますので、必要に応《おう》じてしっかりと書きこむことも大切です。

ステップ2

「理由」を細かくわかりやすく説明《せつめい》することのほかに、二段階《にだんかい》に分けて説明する方法もある。

単《たん》に具体的《ぐたいてき》に細かい部分まで書く他《ほか》にも、理由の説明の方法《ほうほう》があります。記述《きじゅつ》の結論《けつろん》となる「気持ち」が生まれるまでには複数《ふくすう》の理由があったり、その理由自体が生まれる、もうひとつ前の理由にまでさかのぼったり、といった複雑《ふくざつ》な理由をていねいに書くという方法も効果的《こうかてき》です。

やってみよう 1

次の文章を読んで、あとの問いに答えよう。

「俺《おれ》は坊《ぼう》やの駒《こま》を、そういう盤上《ばんじょう》で動かしてもらいたくないんだ。彼《かれ》らの盤は結局《けっきょく》、金を追い求《もと》める欲《よく》に支配《しはい》されている。それは相手のキングを倒《たお》したいという欲とは、全然種類《ぜんぜんしゅるい》が違《ちが》うものなんだよ。いつか話しただろう？　チェスは二人で指すものだ、敵《てき》と自分、二人で奏《かな》でるものだって。だからいくら坊やの手が澄《す》んでいたって、相手の音が濁《にご》っていたら台無《だいな》しだ。そんなチェスをする坊やを俺は見たくない。坊やならだれもがはっとして息を呑《の》むようなチェスが指せる。盤上に、いや盤下に詩が刻《きざ》める。それが俺にはよく分かっているから、だから賭《か》けチェスなんか坊やには……」

「分かったよ」

がまんできずに少年はマスターの胸に飛《と》び込《こ》んだ。

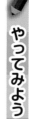

「もうしないよ。あんなチェスは二度としない。ごめんなさい。マスターをがっかりさせるつもりなんてなかったのに、どうしてこんな馬鹿《ばか》な真似《まね》をしてしまったのか……。ごめんなさい。本当にごめんなさい。僕《ぼく》はどうしようもない馬鹿だよ」

少年はマスターのシャツに顔を押《お》し付《つ》け、声を上げて泣《な》いた。砂《すな》ぼこりでざらざらしていたお札《さつ》の感触《かんしょく》を消そうとするように

ポイント 8

「気持ち」に直《ちょく》接《せつ》つながる「直接の理由」と、「理由」ができるきっかけになった「間接《かんせつ》の理由」（＝背景《はいけい》）を段階的《だんかいてき》に整理してまとめる。

サッカーの「直接フリーキック」「間接フリーキック」を応《おう》用《よう》してみましょう。結論《けつろん》になる「気持ち」の直接の理由（理由①）と、その理由①が起きるきっかけになったもうひとつ前の理由（理由②）に整理し、書くときには、理由②（間接の理由）→理由①（直接の理由）→気持ち、の順《じゅん》でまとめると、とてもわかりやすい説明ができるのです。

考える順番
結論になる気持ち → 直接の理由（理由①） → 間接の理由（理由②）

書く順番
間接の理由（理由②） → 直接の理由（理由①） → 結論になる気持ち

やってみよう 1

両手をにぎりしめ、＊唇《くちびる》を無理矢理《むりやり》引きはがされた時よりももっと大きな口を開けて泣《な》いた。ずっと胸をふさいでいたものが全部涙《なみだ》になって、後から後からこぼれ落ちてきた。
〈小川洋子《おがわようこ》『猫《ねこ》を抱《だ》いて象《ぞう》と泳ぐ』〉

＊唇を無理矢理引きはがされた　少年は生まれたとき上唇と下唇の皮膚《ひふ》がくっついていた。それを手術《しゅじゅつ》で引きはがしたときのこと。

① ――線部から読み取れる、「少年」の「マスター」に対する気持ちと、「自分」に対する気持ちを「気持ちことば」でそれぞれ答えなさい。

② そのような気持ちになってしまった「直接《ちょくせつ》の理由」は何か答えなさい。

③ ②の理由が起きるきっかけになったもうひとつ前の理由、つまり、「間接《かんせつ》の理由」は何か答えなさい。

答え
① 「マスター」に対する気持ち＝もうしわけない
「自分」に対する気持ち＝情けない（うしろめたい）
② 賭けチェスをしてしまったから。（勝ったものが金をもらえるみにくい心で行うチェスをしてしまったから。）
③ 澄んだ心をもつ者どうしが行うすばらしいチェスをマスターが教えてくれたから。

4 「気持ちの変化《へんか》」の書き方を覚《おぼ》えよう

ステップ1

字数の長い大型《おおがた》記《き》述《じゅつ》問題のほとんどは登場人物の「気持ちの変化」を説明するもの。

問一から始まる読解《どっかい》問題も最後《さいご》の方までくると、字数の長い記述問題に向き合うことが多いでしょう。その中でも代表的《だいひょうてき》なのが「登場人物（ほとんどが主人公）の気持ちの変化」を説明させる問題です。ここでは「気持ちの変化」について学習しましょう。

ステップ2

どんな物語でも登場人物は必ず「心の成長《せいちょう》」をとげている。

全国の小学生が、勉強の場で読む作品のほとんどは、登場人物、特《とく》に主人公が精神的《せいしんてき》に成長していくようすをえがいたものです。作品によって物語の設定《せってい》も内容《ないよう》も、そして結末《けつまつ》も異《こと》なりますが、読書をとおしてみなさんに大切な何かを学び取ってほしい、という作者の願《ねが》いは共通しているのです。つまり、物語に登場する人物が成長する様子を通して、読者であるみなさんにも成長してほしい、ということなのです。

やってみよう 1

次の文章を読んで、あとの問いに答えよう。

「可愛《かわい》げのない弟だね。」

「おたがいさまだ。六歳《さい》ちがいの弟に、バスでも新幹線《しんかんせん》でも飛行《ひこう》機《き》でも、窓側《まどがわ》の席《せき》を一度もゆずったことのない兄だよ。われわれの亡《な》き父親は、……音和《おとわ》が好《す》きだったおじいちゃんは、兄にも私にも小学生のときからひとつずつカメラを持たせてくれた。だが、旅行先からもどってフィルムを現像《げんぞう》にだすと、私のはきまって感光していて、プリントができないんだ。寝《ね》ているあいだに、兄がカメラの裏《うら》ブタをあけるんだよ。証拠《しょうこ》はなかったが、ほかに理由は考えられない。そういう兄と、どうして仲良《なかよ》くなれると思う？」

「それもゆがんだ愛情《あいじょう》表現《ひょうげん》なのかも。」

「わかったふうな口をきくなよ。その手の知らなくてもいい俗《ぞく》な言《い》い草を、いったいどこから仕入れてくるんだ？」

おとうさんの書棚《しょだな》にあったミステリー、とは答えず、音和はべつのことを口にした。

「ぼくにもきょうだいがいれば、おとうさんの気持ちも、もうすこしわかったと思うけど。」

「……もし弟か妹がいて、彼《かれ》か彼女《かのじょ》がおかあさんと暮《く》らしたいと

ポイント9 「気持ちの変化」の公式を覚《おぼ》えよう。

初《はじ》めの気持ち〈理由→気持ち〉
→
結末《けつまつ》の気持ち〈理由＝きっかけ→気持ち〉

具体的な書き方をアドバイスしますと、これも基本《きほん》ブロックをつなぎ合わせるパターンの問題のひとつとして考えればよいでしょう。図にあるように、変化前の「理由→気持ち」と変化後の「理由→気持ち」の二つの基本ブロックでまとめることができます。その際《さい》の注意点としては、変化後の理由は「変化のきっかけ」としてとても大事なことですから、ていねいに書く必要があることです。そして、もうひとつ大切なことは、変化前と変化後のそれぞれの「気持ち」をできるだけ対照的《たいしょうてき》なものにすることです。それによって「変化の大きさ」を強調することができるからです。

やってみよう 1

言ったら、おまえも向こうへいったんだろうな。」

「そのほうがよかった？」

「私が聞いているんだよ。父親の仕事が自分の生活圏《けん》でのチラシ配りだなんて、がっかりだろう？」

「……ぼくは、」

この父を好きだと、いまなら迷《まよ》いなく答えられる。自分たちの都合だけで離婚話《りこんばなし》を持ちだした両親に腹《はら》をたて、意地をはって、好きでもない父といっしょに暮らすのだと思いもしたし、態度《たいど》にもあらわした音和だったが、かつてのぜいたくさのかけらもないいまの暮らしが、さほど苦にならないのは、身近になった父が、ありのままの姿《すがた》を示《しめ》してくれるからだった。

「……いまのおとうさんのほうが……好きだから。かっこうつけているときより、ずっといいよ。」

父は箸《はし》をおき、ありがとう、と頭をさげた。そのとたん、音和の目に涙《なみだ》があふれた。父はタオルをさしだした。


〈長野《ながの》まゆみ『野川』〉

① ――線「この父を好きだと、いまなら迷いなく答えられる」とあるが、このように感じるまでの「音和」の気持ちの変化を説明《せつめい》しなさい。

答え

① はじめは子どもの気持ちも考えず離婚した両親に腹を立て、父と暮らすのを不満に思っていたが、まずしい暮らしであっても、ありのままのすがたを、かっこうつけることなく示してくれる父が好きになった。

5 「もの」にこめられた気持ちをわかりやすく説明《せつめい》しよう

ステップ1

「ことば・行動・表情《ひょうじょう》」のほかに、「もの」にも気持ちがこめられている。

これは記述《きじゅつ》以前《いぜん》の「読解《どっかい》」の段階《だんかい》で注意すべきことですが、比較《ひかく》的《てき》むずかしいレベルの物語には、「もの」にこめられた気持ちがえがかれていることが少なくありません。したがって、国語があまり得意《とくい》でない場合には、あらかじめこのような表現方法《ひょうげんほうほう》があることを知っておく必要《ひつよう》があるでしょう。

↓ やってみよう1

ステップ2

ある「もの」が、まったく別《べつ》のことがらを表すことを「象徴《しょうちょう》する」という。

しかし、これはみなさんが日ごろの生活の中で、ふつうに体験《たいけん》していることですので、実はそれほどむずかしいものではありません。たとえば、お弁当《べんとう》は何を表しているかと問われたとき、どのように答えるでしょうか？　みなさんがお弁当を食べるとき、箱のふたを開けて

やってみよう1

次の①～③の文を読んで、あとの問いに答えよう。

① 入試《にゅうし》会場に入るぼくの手を、父がガッシリとにぎってくれた。
② 入試会場に入るぼくに向かって母はにっこりと笑《わら》ってうなずいた。
③ 「君が受からなくていったいだれが受かるんだ。落ち着いてがんばれ」と塾《じゅく》の先生に言われた。

① 三つの文が共通して表しているのは、どのような気持ちか答えなさい。

② その気持ちを何かの「もの」で表すとして、①～③のように「だれか別の人」の行動として表れた文を作りなさい。

答え ① はげます気持ち（おうえんする気持ち）
② [例] 入試の朝、祖母がお守りをくれた。

やってみよう2

次の文を読んで、あとの問いに答えよう。

今年の夏休みに、五年ぶりに母のふるさとを訪《おとず》れた。その家の

うれしいと感じたときの様子を想像《そうぞう》してみてください。「大好物《だいこうぶつ》が入っていたから」は、ここでは正解《せいかい》になりませんよ。正解は「お弁当を作ってくれた人の気持ちがこめられているから」ですよね。つまり、お弁当は作ってくれた人の気持ちを象徴するものなのです。

もの ＝［例］お弁当

↑ 象徴（シンボル）

別のことがら ＝［例］作ってくれた人の気持ち

ポイント10

「象徴《しょうちょう》（シンボル）」を説明《せつめい》するときは、「〜を表している」「〜がこめられている」とはっきり書く。

さらに「お弁当《べんとう》にこめられた気持ち」を、「愛情《あいじょう》」「はげまし」「おうえんする気持ち」といった気持ちことばに直すと、いっそうよい記述《きじゅつ》になります。ものにこめられた気持ち＝「象徴（シンボル）」に気づいて、それを記述するときには、どのような気持ちがこめられているのかをはっきりと書きましょう。

やってみよう 2

長男の太一《たいち》は私よりも一学年上だった。前に訪れたとき、小学生だった私《わたし》は、気の合う太一とただ楽しく遊んでいたのをうっすら覚《おぼ》えている。しかし、久しぶりに会う太一はすっかりおとなっぽくなっていて、あいさつしてもぶっきらぼうに返事をするだけ。何だか感じ悪いヤツになっていた。私は私で「田舎《いなか》キライ」とか言って母を困《こま》らせていた。

東京に帰る前の晩《ばん》、たまたま通りかかった太一の部屋は中が丸見えで、見る気もないいとこの、それも男子の部屋を見てしまった。びっくりしたのは、机《つくえ》の上に置《お》いてある、小さな白い貝《かい》がらだった。五年前、二人で仲良《なかよ》く遊んだ海岸でひろったなつかしい貝がら。私のはもうとっくのむかしに、どっかになくしてしまったのに、太一はちゃんと大事にとってあるんだ。

私はなんとなく、申し訳《わけ》ないことをしたような、不思議《ふしぎ》な気分になって、太一に声をかけた。

① ——線「申し訳ないことをしたような、不思議な気分」とあるが、どんな気持ちか。「白い貝がら」が何を表わしているかを明らかにして、説明《せつめい》しなさい。

答え

① 小さいころに二人が仲良しだったという楽しい思い出を表す白い貝がらを大切にとってある太一にくらべると、とっくに貝がらをなくしていて、太一のことなど何とも思っていなかった自分がうしろめたい気持ち。

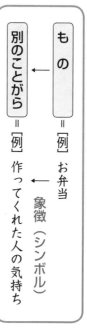

ガイド付き 練習問題 1

次の文章を読んで、下の1～2に答えなさい。

やがて冬になった。

ある日、積雪《せきせつ》があった。

AとBは、雪だるまをつくった。二人とも、手袋《てぶくろ》をはめて、雪の球をころがしていた。

その様子を、Aの祖母《そぼ》が窓《まど》から首を出して眺《なが》めていた。その祖母に気づくと、①Bは手袋をはめた手を指《さ》し示《しめ》して、笑顔《えがお》をつくった。

祖母がAをさし招《まね》いた。そして、小声で言った。

「あの子は、可愛《かわい》いところのある子だね。去年あげた手袋を、今年もちゃんとはめているよ」

そこで、Aははじめて Bの仕種《しぐさ》の意味が分かった。前の年の冬、やはり雪の積《つ》もった日、AとBは雪だるまを作っていた。Aは手袋をはめていたが、Bの素手《すで》は赤くはれて、霜焼《しもや》けていた。祖母がそれをみて、Bに手袋を贈《おく》った。新しい手袋ではなく、Aのはめている手袋をBに渡《わた》し、Aには新しい手袋を与《あた》えてくれたのである。

そして、一年たった積雪の日、窓からのぞいていた祖母を喜《よろこ》ばしたBの仕種は、

「もらった手袋は大切に取っておいて、今年もはめていますよ」

ガイド 〔　　〕をうめながら、読み進めよう。

答え➡別冊4ページ

1 ──線①「Bは手袋をはめた手を指し示して、笑顔をつくった」とあるが、Bは何を伝《つた》えるためにそのようなことをしたのか、わかりやすく説明《せつめい》しなさい。

〔　　　　　　　　〕

「小声で言った」のは、Bに聞かれたくない話だったからでしょう。

「新しい手袋ではなく、Aのはめている手袋をBに渡し、Aには新しい手袋を与えてくれた」とありますが、

① 祖母はなぜBに手袋をあげたのでしょうか。

↓手袋も買ってもらえないBを〔　　　　〕だと思ったから。

② 祖母はなぜBに新しい手袋を買ってあげなかったのですか。

↓いくら〔　　　　〕だからといっても他人に新しい手袋などは〔　　　　〕と思い、Aが使っているもので〔　　　　〕だと考えたから。

というものだった。

あらためて、AはBの笑顔《えがお》を眺《なが》めた。「Bが喜んでくれている」というよろこばしさと、「Bに恩恵《おんけい》をほどこした」という気持ちとが、Aの心の中で混《ま》じり合って動いた。しかし、そのとき心で動いたものは、②その二つの感情《かんじょう》だけではないようにAにはおもえた。それが何か、たしかめようと考えながらBの笑顔に相変《あいか》わらず眼《め》を向けていると、Bの顔が笑顔のままかすかにこわばったようにおもえた。

その瞬間《しゅんかん》、Bが言った。

「Aちゃん、屋根《やね》に登ろうよ。雪の積《つ》もった屋根って、きっと面白《おもしろ》いぜ」

その言葉《ことば》に、むしろ救《すく》われた気持ちになり、Aはいそいで屋根に登った。

〈吉行淳之介《よしゆきじゅんのすけ》「子供《こども》の領分《りょうぶん》」〉

「Bに恩恵をほどこした」とは、言いかえれば、

「　　　　」ということになります。

「それが何か」とありますが、

① この気持ちはどちらの気持ちでしょうか。正しい方を選びましょう。［プラス(＋)の気持ち／マイナス(－)の気持ち］

② （　）の中にAかBのどちらかを入れましょう。また、気持ちとしてふさわしいものを［　］の中から選《えら》びましょう。

Bがしている手袋はもともと（　）のものだった。新しい手袋は（　）がもらったので（　）の手袋は古い。それなのに、（　）は（　）の祖母に手袋をもらったことを感謝し続《つづ》けなくてはならず、（　）は（　）に対して［はずかしい／もうしわけない／情《なさ》けない／うらやましい］気持ちをもっている。

2 ――線②「その二つの感情だけではない」とあるが、どのようなものだと考えられるか。Aの心の動きを想像《そうぞう》して説明《せつめい》しなさい。

（出題例　東京・筑波大附駒場中）

「　　　　」

ガイド付き 練習問題 ❷

次の文章を読んで、下の1～3に答えなさい。

　クラスの男子は十七人。学級委員は、そのうち六人。三分の一は委員になる計算だ。これ——けっこうキツい。去年までのように年間三人の委員なら、みんなが認《みと》めるベストスリーがすんなりと当選《とうせん》する。でも、六人になって、しかも三学期になると、どんぐりの背比《せいくら》べだ。十七人中の五番めと六番めで選《えら》ばれたって自慢《じまん》にはならないし、そのくせ選ばれなかったら、ベストスリーからはずれるよりずっと悔《くや》しい。

「あ、でも……。」紺野《こんの》くんは少年を振《ふ》り向いた。「学級委員、なっちゃうんじゃない？」

「俺《おれ》？」——①声が裏返《うらがえ》りそうになった。

「うん、だって、他に学級委員やれそうな奴《やつ》っていないじゃん」

「そんなことないって、なに言ってんだよ、まだたくさんいるよ」

　あいつだって、こいつだって、と思いつくまま名前を挙《あ》げていった。でも、少年は知っている。勉強でもスポーツでも遊びでも、自分の位《い》置《ち》は、十七人の真ん中よりちょっと上。七番とか、八番とか……九番までは落ちないと思うし、もしかしたら六番とか、意外と五番とか……。

「俺は当選すると思うけどなあ」

　うらやましそうに言う紺野くんは、少年のランク付《づ》けではクラスの最《さい》

ガイド　［　］をうめながら、読み進めよう。

答え➡別冊6ページ

「ベストスリーからはずれるよりずっと悔しい」とありますが、ベストスリーからはずれるのがあまり悔しくないのは、ベストスリーに入れない人は［　　　］ので、ベストスリーからはずれることは［　　　］ではなく、悔しいという気持ちにはならないからです。

1　——線①「声が裏返りそうになった」のはなぜか、わかりやすく説明《せつめい》しなさい。

［　　　　　　　　　　］

この部分に書いてあることを、短く抽象的《ちゅうしょうてき》にまとめると、［　　　］となります。

低《てい》。気はいい奴でも、トロくて、勉強もスポーツも全然《ぜんぜん》だめで、顔もよくない。一学期も二学期も、一票《いっぴょう》も入らなかった。

マジ、俺《おれ》、当選すると思うぜ、と紺野《こんの》くんがつづけるのをさえぎって、ゲームをリセットした。「早くやろうぜ早く」とゲームに戻《もど》り、あとはもう選挙《せんきょ》の話はしなかった。

紺野くんが帰ったあと、急に胸《むね》がむしゃくしゃしてきた。自転車で町じゅうを走り回っても、まだおさまらない。

②学級委員なんてなりたくないのに、学級委員に選ばれたい。できれば当選したあとで「俺、絶対《ぜったい》にヤだから」と断《ことわ》ってみたい。

一学期の選挙では二票しか入らなかった。二学期の選挙では六票に増《ふ》えた。クラスの「上」の四人が抜《ぬ》けた今度の選挙では……「上」って発想、ヤだな、なんか。

人気者になりたい――のとは、違《ちが》う。勝ち負けというのとも、微妙《びみょう》に、違う。

ただ、どきどきする。むしゃくしゃする。胸の奥《おく》で小さな泡《あわ》が湧《わ》いて、はじけて、また湧いて、はじけて……。

〈重松清《しげまつきよし》「正」〉

2 ――線②「学級委員なんてなりたくないのに、学級委員に選ばれたい」とはどういうことか、わかりやすく説明《せつめい》しなさい。

3 学級委員には選ばれたいものの、そんなことを期待しながら、自分の考えそのものがいやになっている複雑《ふくざつ》な気持ちが書かれている一文をさがし、初《はじ》めの七字をぬき出して答えなさい。

（出題例　東京・学習院女子中）

入試問題にチャレンジ

次の文章を読んで、下の問いに答えなさい。

へやをでたら、廊下《ろうか》にコーヒーの香《かお》りがただよっていた。

(あれ?)と思ってキッチンのドアをあける。

「やっぱり!」

ダイニングテーブルの上で新聞をひろげていたパパが顔をあげた。

「おっ、なずなか。早いな、おはよう」

「どうしたの。パパ、お休み?」

「いや、すこしゆっくりいこうと思ってな」

いつもはからっぽの席《せき》に今朝《けさ》はパパがすわっている。朝の時間にコーヒーを飲むのはわが家でパパだけ。なんだかまぶしい気持ちがして、わたしは、パパのマグカップから立ちのぼる白い湯気を目を細めてながめた。

(ママは?)とさがしたら、ベランダでせんたくものを干《ほ》していた。

そこへけやきもおきてきた。やっぱりおどろいたようす。

「パパ? どうしたの。会社は?」

「おいおい、なんだよ、ふたりとも。パパがいるのがそんなにめずらしいか? でも、そうだよな。おまえたちと、朝、顔をあわすことなんてめったにないもんなぁ。ここへきてからは、はじめてかもしれないな……。

答え➡別冊42ページ

ちょっと話があるんだ。すわらないか」

①けやきがうなだれた。

「わかってるよ。きのうのことでしょ。ごめんなさい」

「ママからきいたよ。ひとりで自転車にのって＊府中《ふちゅう》までいったんだって？　やるじゃないか」

たちまち、②けやきの顔がぱぁっと明るくなった。

「よく道がわかったな。橋をわたったさき、ごちゃごちゃしてるだろう」

「うん、だから、ぼくも道にまよっちゃったんだよ。ひとにきこうかと思ったけど、大雨でだれも歩いていなくてさぁ。しょうがないから、カンでいったんだ。そしたら、知ってる通りにでたの。ほら、消防署《しょうぼうしょ》のよこの道。ぼくって、カンがいいみたい。パパは方向オンチだよね。おねえちゃんもパパ似《に》だね」

「なにいってんのっ。しつれいね！」

パパは苦笑《くしょう》している。

「ショックだったよ。けやきも男っぽくなってたんだなぁ、そのことに、おれはちっとも気づいていなかったなぁ、と思うとさ。もっと話をしなくちゃいけなかったんだよな。

ここへきてから、みんな、いそがしかっただろ。

あたらしい土地にきて、あたらしいひとと出会って、あたらしい生活をはじめる。たのしいことがたくさんあるけど、そればかりじゃない。なずなやけやきにたいへんな思いさせちゃったな」

わたしもけやきもだまっていた。でも、③心のなかでうなずいたこと、

問1 ——線①「けやきがうなだれた」とあるが、次の——線②では「けやきの顔がぱぁっと明るくなった」と、変化《へんか》している。なぜ変化したのか。その理由を二十字以内で答えなさい。（句読点も一字に数える。）

ヒント

問1 表情《ひょうじょう》に注目して、気持ちの変化をとらえよう。

パパはわかってくれている。

「だけど、それは、パパもママもおなじなんだよ。たよりない親だって思われるかもしれないけど、正直に話すよ。ママはひとりぼっちでさびしかった。パパには会社、なずなたちには学校と、ここ以外《いがい》にいく場所があるだろう。ママにはなんにもない気がしていたんだ。ほんとうはそんなことないはずなんだけどね」

暗くなりはじめたリビングで、ぼんやりほおづえをついていたママを思いだした。

ママのさびしさなんて……考えてみようともしなかった。わたしたちの世話をしてくれること、いつもしっかりしてるのがあたりまえって、決めつけていたけれど……。

④（あまえていたのは、わたしのほうだった……）

「それから、パパだ。パパは……からだのことがすごく心配だったんだよ」

「知ってるよ。おなかでしょ。ときどき押《お》さえていたもん。しらがもきゅうにふえたし……。ぼくだって心配してたよ」

おどろいてけやきのよこ顔を見た。

そんなこと……わたし、まったく気にしてなかった。ううん。ほんとはうすうす感じていた気がする。だけど、ここでもわたしは見て見ぬふりをした。学校でくたくたなのに、その上、家へ帰ってきてまで気をつかうのはごめんだと。

でも、気をつかうのと気づかうのとでは、ちがう。

問2 ——線③「心のなかでうなずいたこと、パパはわかってくれている」とあるが、どのようなことをわかってくれているというのか。文中の言葉を使って、二十五字以内で具体的に答えなさい。（句読点も一字に数える。）

問3 ——線④「あまえていたのは、わたしのほうだった……」とあるが、どういうことか。わかりやすく説明《せつめい》しなさい。

だれかが、だれかを、たすけられると思うのはうぬぼれだ。家族だって、それぞれが自分で自分をたすけていかなきゃならない。だけど、心のドアをあけておくことくらいはできる。⑤だれかが扉《とびら》をノックしたくなったとき、「ちょっとはいりなよ」ってドアをあけることはできるはず。あたらしい家にうつったって、自分だけのへやを持ったって。

わたしにそう気づかせてくれたのは、けやき――。

「そうか。けやきにも心配かけてたのか。わるかったな。すこしまえから胃《い》のあたりがキリキリしてな。夜ねむれないほどいたむ日もあったんだ。だけど、病院へいくのがこわかったんだよ。もしすごくわるい病気だったら、と思うとな。家を買ったばかりだろう。ローンのことも、家族のことも不安《ふあん》だった」

思わずわたしはいった。

「そんなこといってないで！　ちゃんと病院いかなきゃだめだよ」

「うん、そうすることに決めたよ。来週にでも休みをとって、検査《けんさ》をうけにいこうと思ってる」

「ぜったい、だよ」

〈斉藤《さいとう》栄美《えみ》『転校――なずなの場合』〉

＊府中　東京都の中部にある市。

問4 ――線⑤「だれかが扉をノックしたくなったとき、『ちょっとはいりなよ』ってドアをあけることはできるはず」とあるが、どういうことか。わかりやすく説明《せつめい》しなさい。

（千葉・和洋国府台女子中）

［　　　　　　　　　　　　　　　　］

ヒント

問2 親子の会話の内容《ないよう》をとらえよう。

問3 「あまえていた」とはどんな態度《たいど》に対して言っているのだろうか。

問4 「ドアをあける」とは、具体的《ぐたいてき》にどうすることだろうか。

1 文中のことばを上手に使ってまとめよう

ステップ1

——線の部分の「同じことのくりかえし」「くわしい説《せつ》明《めい》」「理由」「結果《けっか》」「反対のこと」「似《に》ていること」は文中に書いてある。

物語文は文中に書いてあることを手がかりにして、書いていないことを読み取ることが大切です。しかし、説明文は書いてあることがどのような意味や役割《やくわり》をもっているのかを考え、読み分けていくことが全体を理解《りかい》するうえでとても大切です。文中のことばを上手に使うには、——線の部分の「同じことのくりかえし」「くわしい説明」「理由」「結果」「反対のこと」「似ていること」を探《さが》し、どの部分にどのようなことが書いてあるのかを整理する必要《ひつよう》があります。

↓ やってみよう 1

ステップ2

「どのことばを使えばよいか」は設問文《せつもんぶん》に書いてある。

設問文が何を問うているのか線を引いて確認《かくにん》し、どの部分を使うの

やってみよう 1

次の文章の〰〰線の部分は、——線「芸術とは創造です」にとって何を表していますか。ふさわしいものを記号で答えよう。

芸術《げいじゅつ》とは創造《そうぞう》です。同じことをくり返してはいけないし、過《か》去《こ》の作品を写すこともゆるされません。古代エジプトの時代から現在《げんざい》に至《いた》るまでには実に様々な芸術の形が現《あらわ》れましたが、同じことがくり返されることは一度もありませんでした。他人のまねをせず、自分の力だけでまったく新しいものを作り上げるのです。一方、芸ごとはそれとは反対に、師匠《ししょう》の教えに忠実《ちゅうじつ》であることが求《もと》められます。過去の他人のすぐれた芸をひたむきにくり返し、その美しさをみがきあげようとすることに価値《かち》があります。

ア 反対のこと　イ 理由　ウ 同じことのくり返し
エ くわしい説明

答え エ

♫ それぞれの文をよく読んで、関係をとらえよう。

かを決めます。このとき、文全体の意味と文の一部の意味のちがいに注意しましょう。たとえば「空気を読む、ということは周《まわ》りの人たちへの思いやりでもある。」という文があったとき、「個性《こせい》をおさえつけるおそれのある考え方を答えなさい。」という問いに、この一文をそのまま使うことはできませんね。**「問いに合わせた記述《きじゅつ》」になるよう答え方を工夫《くふう》する必要《ひつよう》があります。**

ポイント 11

結論《けつろん》＝述語《じゅつご》の形にして、述語をはっきりと強調する。

先ほどの例《れい》では「空気を読むという考え方」が問いに対する結論となります。そして「個性をおさえつける」といった「悪い意味」として問われていますから、答えも「悪い意味」に合わせなければなりません。そのため、良《よ》い意味として書かれた本文を「周《まわ》りの人たちへの思いやりが強すぎるあまり、自分の考えを表すことをおさえつけようとする『空気を読む』という考え方。」というようにして、立場や書く順番《じゅんばん》を変《か》えるなどの工夫によって、文の述語を強調することができます。

やってみよう 2 ↓

やってみよう 2

――線「自己主張が苦手という印象」はどんなところから生じると考えられるか、四十字以内《いない》で答えよう。

「あいまい言葉《ことば》をたくさん使う若者《わかもの》は、自己主張《じこしゅちょう》が苦手という印象《いんしょう》があるかもしれません。でも実際《じっさい》には、そうでないという結果《けっか》も出ています。」フリーアナウンサーとして活躍《かつやく》する梶原《かじわら》しげるさんが報告《ほうこく》を寄《よ》せてくれた。

梶原さんは大学院の心理学研究科に社会人入学。若者言葉とそれを使う側《がわ》の心理を調査《ちょうさ》・分析《ぶんせき》し、修士論文《しゅうしろんぶん》にまとめている。

調査で取り上げたのは、「ってあるじゃないですか」「なにげに」「とか」など、三十三のあいまい言葉。約《やく》二百人の学生を対象《たいしょう》に心理や行動を分析したところ、これらの言葉をひんぱんに使う人の方が、相手に自分の主張を伝《つた》える能力《のうりょく》が高いとの結果が出た。

あまり直接的《ちょくせつてき》な言い方をすると、反発を受けやすく、相手の心にすっと入っていけない。言いたいことは、あいまい言葉というオブラートでくるみ、相手が受け入れやすいように表現《ひょうげん》する――。「それが、彼《かれ》らなりのコミュニケーション戦略《せんりゃく》なのでしょう。彼らは知恵《ちえ》をしぼって言葉を選《えら》んでいる。その努力《どりょく》は少しは理解《りかい》してやりたい気がしています」と、梶原さんはいう。

（読売新聞《よみうりしんぶん》「新日本語の現場《げんば》『あたし的』に自己主張」）

答え 直接的な言い方をさけて、オブラートにくるんだようなあいまいな言い方をするところ。

2 因果関係《いんがかんけい》をはっきりさせた答えを書こう

ステップ1 説明文《せつめいぶん》の記述《きじゅつ》問題は、自分で作る「小さな説明文」。

説明文の特徴《とくちょう》は「だれが読んでもその通りだ、と思える」ことに価値《かち》があるということです。もちろん、この世のすべての人たちから賛成《さんせい》される意見や考えはだれも述《の》べられないでしょう。しかし、少しでも多くの人たちから認《みと》められることをめざして、筆者は自分の考えを練り上げ、わかりやすい説明をこころがけるのです。そして、そういった文章について問われたことをまとめるみなさんの記述もまた、立派《りっぱ》な説明文といえるのです。

ステップ2 「結論《けつろん》」がもっとも大事。でもそれと同じくらい「理由」も大事。

相手に納得《なっとく》してもらうには、自分のもつ意見や考えが、合理的《ごうりてき》である必要《ひつよう》があります。ここで言う「合理的」とは、「だれが聞いても納得できる」「そのような結論になるのは当然《とうぜん》だ」といった意味です。ですから、キミたちが書く記述《きじゅつ》も、読む人が「なるほど、こういう

やってみよう 1

次の文章を読んで、――線「『ありがとう』を～むべなるかな」と筆者が考える理由を説明《せつめい》しよう。

ところが、こんなすばらしい感謝《かんしゃ》の言葉《ことば》があるのに、「ありがとう」とお礼《れい》を言うべき場面で、「すみません」と言ってしまうことがよくあります。

（中略）

これを「言葉の乱《みだ》れ」と言ってしまえばそれまでですが、じつは「感謝」や「謝罪《しゃざい》」に用いられる「謝」という字の語源《ごげん》をひもとくと、おもしろいことがわかります。

「感謝」と「謝罪」――賢明《けんめい》な読者のみなさんはもうお気づきですね。そう、「感謝」の「謝」は、訓《くん》読みでは「あやまる」。おわびする意味の「謝罪」だけでなく、「感謝」という言葉にも、「あやまる」という文字が用いられているのです。

これはいったいどういうことなのか、さっそく「謝」の語源をみてみましょう。

まず、「謝」は「言＋射」で成《な》り立っています。その構成要素《こうせいようそ》の「射」は、古代漢字では張《は》りつめた矢を手から離《はな》しているさまを表しています。矢を手から離せば、弓の緊張《きんちょう》が解《と》けてゆるみます。そこから、「言」をプラスした「謝」は、言葉を発するこ

結論になるのももっともだ」と納得できるものでなくてはなりません。
そのために必要なのは「理由」です。

ポイント 12

「原因《げんいん》（理由）」→「結果（結論）」の因果関《いんがかん》係《けい》をはっきりさせることが基本《きほん》。

これは物語文の記述《きじゅつ》対策《たいさく》でも学びましたが、やはり文字によって自分の考えをまとめるときには「理由→結論」の形がもっとも適《てき》しています。この「結果」は、物語文では「気持ち」になるのでしたね。科学的《かがくてき》なことについて書かれることもある説明文《せつめいぶん》では、それと同じように、「原因→結果」ということばで言いかえることができます。これは「因果関係」というむずかしい言い方で表すこともあるのですが、とにかく、あらゆる説明文の記述問題では、この因果関係を明確《めいかく》にした文を書くよう心がけてください。

やってみよう 1

とによって心の緊張をゆるめることを意味します。
言葉《ことば》にして思いを伝《つた》えることができず心の中で思っているだけだと、思いが胸《むね》につかえて悶々《もんもん》としてしまいます。それをちゃんと言葉に表すことができれば、弓の緊張が解けてゆるむように気持ちがすっきりとして、清々《せいせい》した気分になれます。つまり、「謝」という字は、心の負担《ふたん》をおろして清々できるように言葉として述《の》べることを表しているわけです。
自分の心にあるありがたいと感じる気持ちを言葉にしてお礼を述べれば「感謝《かんしゃ》」となり、わびる気持ちを言葉にすれば「謝罪《しゃざい》」となる。また、申し訳《わけ》なく思うおわびの言葉を述べることは、相手の心の負担《ふたん》をおろすことにもなります。
こうして語源《ごげん》からみてみると、「感謝」と「謝罪」は意外にかけ離れたものではないことに気づかされます。「ありがとう」をつい「すみません」と言ってしまうのも、むべなるかな*。とにかく心の負担をおろしたいという心理ゆえのことといえそうです。
〈高橋政巳《たかはしまさみ》・伊東《いとう》ひとみ『漢字の気持ち』〉

*むべなるかな　納得《なっとく》できるなあ。

答え　「謝」という字は心の負担をおろすという意味があり、ありがたい気持ちを伝えるには「感謝」、もうしわけない気持ちを伝えるには「謝罪」と、どちらも心の負担をおろしたいときに使う言葉として同じだから。

3 抽象的《ちゅうしょうてき》にまとめるコツを覚《おぼ》えよう

ステップ1 説明文《せつめいぶん》の記述《きじゅつ》は文中のことばだけでも完成《かんせい》させられる。

説明文は物語文とちがい、文中に書かれていないことを読み取る必《ひつ》要《よう》はほとんどありません。だれにでも納得《なっとく》してもらうことをめざす説明文は「はっきりと、明確《めいかく》に」書かれていないと正しく理解《りかい》してもらえないからです。そのため、**記述問題も基本的《きほんてき》には文中にあることばを使えば十分まとめられるものがほとんどです。**

ステップ2 「抽象《ちゅうしょう》」は万能《ばんのう》のテクニック。

ただ、だからといって細かいことまで書きこんでしまうと字数内に収《おさ》まらないおそれがあります。また字数内で収まったとしても、大切なことがほんの少ししか書かれていなければ、それは十分な説明《せつめい》とは言えません。そこで必要《ひつよう》に応《おう》じて文中の内容《ないよう》を短くまとめることのできるテクニックが求《もと》められます。ここで出てくるのが「抽象」という考え方です。**どんなに長い字数で書かれた内容も、たったひとことの「抽象的なことば」で表すことができるのです。**

やってみよう 1

次の文章を読んで、あとの問いに答えよう。

いまコソボで何より大変《たいへん》なのは、地雷《じらい》が、そこら中にある、ということ。ユーゴスラビアのセルビア人達《たち》は、たくさんの地雷を、コソボのあらゆる所に、あらゆる方法《ほうほう》で埋《う》めたり、かくしたりした。これは、この国だけではなく、私《わたし》が今まで行った内戦《ないせん》のある所には、必《かなら》ずこの問題があった。コソボでもどこにあるのか、わからないから、たくさんの人達が被害《ひがい》にあっていた。特に子どもは、どこにでも走って行ったり、とびこんで行ったりするから、かわいそうに、大勢《おおぜい》の子どもが、やられていた。ユニセフでも学校でも、子ども達に、まず、地雷のことを教えていた。特に卑怯《ひきょう》なのは、コーラや、ジュースの缶《かん》の地雷があることだった。子どもが飲もうと思って、フタを開けると、爆発《ばくはつ》するようになっている。だから先生は、子ども達に、コーラの缶を見せて質問《しつもん》する。

「これが畑にあったら、どうします？　こんなものは、ふつう、畑にはありませんね？」

指された子どもが答える。

「お母さんにいいます」

次に先生は、ジュースの缶を上にあげて聞く。

「じゃ、これは？　ジュースの缶です」

ポイント13

「抽象的《ちゅうしょうてき》に」書くのに便利《べんり》な「基本的《きほんてき》な言い方」をまず身につけ、自在《じざい》に使えることばをふやしていけばよい。

物語文の記述《きじゅつ》で求められた「気持ちことば」と同じように、「抽象的なことば」も、日ごろの地道な積《つ》み重ねが、後々みなさんにとって力強い「武器《ぶき》」を手にすることにつながります。ことばを効率《こうりつ》よく身につけるコツは、これも「気持ちことば」のように、いくつかのおおまかなグループに分類《ぶんるい》して覚《おぼ》えるのがよいでしょう。まず「マイナスの意味」と「それ以外《いがい》の意味」に分けます。説明文《せつめいぶん》の記述で用いるような抽象的なことばには、プラスともマイナスともいえないような意味のことばが少なくありません。ですから「マイナス」と「それ以外」という分類がわかりやすいのです。さらに、「考えや気持ち」を表すことばと「様子や行動」を表すことばで分類するのもよいでしょう。

やってみよう 1

小さな女の子が先生に聞いた。

「なんのジュースですか？」

「オレンジジュースです。どうしますか？」

その子は、少し考えてからいった。

「えーと、オレンジジュースだったら、そばに行って、ちょっと、確《たし》かめてみます」

見ていて私は胸《むね》が痛《いた》かった。その子は、オレンジジュースが好きなのに違《ちが》いない。いまコソボでは、オレンジジュースなんか、簡単《かんたん》に手に入らないから、オレンジジュースなら、そばに行って、確かめてみる、といっている。どうやって確かめるのだろう。結局《けっきょく》、開けてみるしかないのだから。


〈黒柳徹子《くろやなぎてつこ》「黄色い花束《はなたば》」〉

① コソボの人を殺そうとした人は、どんなねらいがあってコーラやジュースの缶を地雷にするのか。説明《せつめい》しなさい。

② ――線「特に卑怯なのは」とあるが、なぜ卑怯なのか。①をふまえて説明しなさい。

答え
① コーラやオレンジジュースを飲みたがる子どもをだまそうというねらい。
② 地雷を子どもの好きなものにすることで、興味があるものや好きなものにとびついてしまう子どものくせを利用して殺そうとしているから。

♫ ①の内容《ないよう》を、「子どもの好きなもの」のように抽象的《ちゅうしょうてき》なことばで言いかえてみよう。

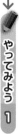

4 比較《ひかく》して説明《せつめい》するコツを覚《おぼ》えよう

ステップ1
比《くら》べるとは「ちがい」を説明《せつめい》すること。

相手に納得《なっとく》してもらうための工夫《くふう》として、二つのことを比較《ひかく》して説明する方法《ほうほう》があります。「自分の意見や考え」を納得させるためにその理由となる一方を強調することがねらいです。ですから、みなさんが比較の形の記述《きじゅつ》を書く場合も、結論《けつろん》につながるように二つのちがいをはっきりさせる必要《ひつよう》があるのです。

ステップ2
比《くら》べるにはおたがいを同じ条件《じょうけん》でそろえる必要がある。

二つのちがいをはっきりさせるには、できるだけ同じ形になるように書き方をそろえることが大切です。たとえば、二つの植物の生育のようすを比較《ひかく》するなら、温度や光を受ける位置《いち》を同じ条件でそろえなくてはなりません。もし、条件がちがえば、たとえ結果《けっか》がちがっても、それが植物自体のちがいなのか、条件のちがいによって起きたことなのかがわからなくなってしまうでしょう。

やってみよう 1

次の文章を読んで、あとの問いに答えよう。

幼稚園《ようちえん》では、同年齢《どうねんれい》の子どもたちを送迎《そうげい》バスなどで家庭を離《はな》れた場に集め、大人が幼《おさな》い子ども向けにこしらえた遊戯《ゆうぎ》、歌、絵本などを用いて、外界のけがれから隔離《かくり》して教育する。私《わたし》が暮《く》らしたサバンナの村では、日本の幼稚園児と同じ年《とし》ごろの子も、年齢が上や下の子と一緒《いっしょ》に、畑仕事や水汲《みずく》み、掃除《そうじ》、子守《こも》りなど、大人たちにまじって働《はたら》く。男の子なら、年上の子に教わりながら、家族が食べる鶏《にわとり》ののどを切って羽をむしり、藁《わら》を燃《も》やして毛焼《けや》きをし、内臓《ないぞう》と肉を切り分けるとか、男の子も女の子も、三日に一度立つ近くの町の市で、親を手伝《てつだ》って、家の畑でとれたわずかの落花生や米を売ったりする。

年のゆかない男の子が、鶏を手際《てぎわ》よく解体《かいたい》して、夕食の支度《したく》をしている母親のところへもって行くのを見ながら、私は日本の教育ママだったら、子どもにこんなことをさせないだろうと思った。鶏肉は食べるのだが、そういう残酷《ざんこく》で汚《きたな》いことは、純真《じゅんしん》な子どもにさせるべきではない、どこか別《べつ》のところで、別の人がやることだと思っているのであろう。だが、別のところにいる、別の人というのは、どこにいるだれのことなのか。鶏を殺《ころ》して解体するのは残酷で汚いことなのか、包装《ほうそう》された鶏肉をスーパーで買って、

ポイント14

書き方をそろえたうえで、中身はできるだけ対照的《たいしょうてき》にまとめる。

物語文の記述対策《きじゅつたいさく》で学んだ「気持ちの変化の書き方」を思い出してみてください。「変化《へんか》前の気持ち」と「変化後の気持ち」が対照的であるほど変化の大きさが強調されるのでしたね。書き方の形をそろえることで、それぞれのちがいを明確《めいかく》にすることができます。そして書く順番《じゅんばん》は、自分の意見につながることを後にしましょう。後に書く方が結論《けつろん》になるのですから、そうすることでさらに自分の意見を強調することができるのです。

書く順番

① 意見1 ← ② 意見2＝自分の意見 ← ③ 結論

（①と②は対照）

やってみよう 1

家族で鶏鍋《にわとりなべ》を食べるのは、優《やさ》しく清《きよ》らかなことなのか。

（中略）

人間は、鶏など他の生き物の命を奪《うば》って、ようやく自分の命を保《たも》っているのだという現実《げんじつ》、だがそういう汚い現実にかかわるのは、「別のところ」にいる「別の人」の仕事にして、それに触《ふ》れさせないように子どもを育てようという考え方からは、人間の人間に対する差別《さべつ》を当然《とうぜん》とする意識《いしき》が育つばかりで、人間以外の生物もふくむ「生命の倫理《りんり》」に根ざした、「命の大切さ」の生活感《かん》覚《かく》ははぐくまれないのではないか。

〈川田順造《かわたじゅんぞう》『人類《じんるい》の地平から』〉

① 「日本の幼稚園児」と「同じ年ごろのアフリカの子ども」のようすを比較して説明《せつめい》しなさい。

② ①のようなちがいのため、日本の子どもたちはどんなことがわからなくなっていると筆者は考えているか。［　］にあてはまるように、文中から二十六字でぬき出して答えなさい。

人間は、［　　　］という現実がわからなくなっている。

答え

① 日本の幼稚園児は、家庭から離れた場所で、同年齢の子どもたちといっしょに教育を受けるのに対し、アフリカの同じ年ごろの子どもたちは、年齢が上や下の子もいっしょに、大人にまじって働く。

② 他の生き物の命を奪って、ようやく自分の命を保っている（20～21行目）

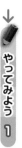

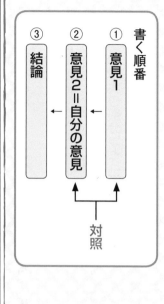

5 筆者の考えをまとめるコツを覚《おぼ》えよう

ステップ1 まずは筆者の考えがどこに書かれてあるか正確《せいかく》に読み取ろう。

これも記述《きじゅつ》より前の「読解《どっかい》」でのことですが、説明文《せつめいぶん》が「具体例《ぐたいれい》や経験《けいけん》などの事実の部分」と「筆者の意見や考えが述《の》べられている部分」とに書き分けられていることに注意して、正確に読み取ることが大切です。良《よ》い記述を書くには、何よりもまず正確な読解が求《もと》められるのを忘《わす》れずにいてください。

ステップ2 本を書いた筆者の「根っこの気持ち」を大まかにグループ分けする。

実は説明文《せつめいぶん》にも、文中に書かれていないことを読み取ることがあります。それは、「筆者はどんな気持ちでこの本を書いたのか？」ということです。現代《げんだい》の世の中で起きているできごとに腹《はら》を立てて書いたのか、あるいは、キミたちのような、未来《みらい》を作っていく若《わか》い人たちに何かの願《ねが》いをこめて書いたのか、といった、筆者が本を書く動機《どうき》、つ

やってみよう 1

次の文章を読んで、あとの問いに答えよう。

「素晴《すば》らしいホームランでした」
「ナイスゴールでした」
「試合《しあい》を振《ふ》り返ってください」
「これで一勝一敗《いっぱい》一引き分けとなりましたが、三試合を総括《そうかつ》してください」
「ファンのみなさんに一言」
「次の試合への抱負《ほうふ》をお願《ねが》いします」

ここには、選手《せんしゅ》へのまともな問いが一つもない。試合を見ている最中《さいちゅう》に、この場面のこの動きについて選手に聞いてみたい、と思うことが何度もあったはずだ。それも、「あのときはどう思いましたか」などという漠然《ばくぜん》とした質問《しつもん》ではなく、もっと具体的《ぐたいてき》に問いを立てる。試合を見ながらインタビュアー自身が疑問《ぎもん》に思ったことをぶつけるという形の質問は、禁《きん》じられているのだろうか。

右の例《れい》のようなインタビュアーの言葉《ことば》は、選手に的確《てきかく》な質問をしてその答えを求《もと》めているのではなく、ほとんど丸ごと語らせようとしている。「ナイスゴールでした」には「どうも」とだけ言って知らん顔をしてもよさそうなものだが、日本の選手たちは総《そう》じ

まり「根っこの気持ち」のことです。この「根っこの気持ち」を想像《そうぞう》しながら文章を読み進めていくと、理解が深まるだけでなく、記述の内容《ないよう》も深まっていくのです。

ポイント 15

指摘《してき》する／批判《ひはん》する／期待する　どれかを使って、筆者の気持ちをまとめる。

筆者の「根っこの気持ち」も、いくつかの大まかなグループに分類《ぶんるい》することで見つけやすくなるでしょう。特にこの三つは気持ちの「方向」としてわかりやすいものです。「指摘する」は、世の中の多くの人がまだ気づいていないことを教えてあげる気持ちです。「批判する」は簡単《かんたん》にいえば「文句《もんく》を言う」という意味ですね。そして「期待する」は「願っている」ということばでいいかえることもできるでしょう。あくまでもおおまかで十分ですので、筆者の気持ちをこのようなグループに分けてみるのも効果的《こうかてき》です。

やってみよう 1

て性格《せいかく》がいいから、決定打となったシュートの経緯《けいい》を丁寧《ていねい》に説明してくれる。「それはどういう意味ですか」「それって質問ですか」などと聞き返す選手はまずいない。みな、優《やさ》しいのだ。

しかし、これではインタビュアーは育たない。インタビュアーは優《すぐ》れたジャーナリストでなければならず、ジャーナリストとは、言葉《ことば》を使って真剣《しんけん》勝負する人間だ。スポーツ選手は、身体と頭脳《ずのう》と精神《せいしん》力で真剣勝負している。そのような選手たちの前に、言葉もあまり使わないで真剣勝負もしない者がインタビュアーとして登場するのは、選手たちに失礼《しつれい》ではないのか。

〈野口恵子《のぐちけいこ》『バカ丁寧化《ていねいか》する日本語』〉

① 筆者の考えが書かれている二つの形式段落《だんらく》をさがし、それぞれ初《はじ》めの五字をぬき出して答えなさい。

② それらの段落の中で、インタビュアーはどうするべきだと筆者は考えていますか、わかりやすく説明《せつめい》しなさい。

③ 筆者の「インタビュアー」に対する気持ちとしてふさわしいものを次のア～エから選《えら》び、記号で答えなさい。

ア　批判《ひはん》　イ　絶望《ぜつぼう》　ウ　期待《きたい》　エ　疑問《ぎもん》

答え

① ここには、（8行目）
しかし、こ（22行目）

② もっと具体的に問いを立てるべきだ。言葉を使って真剣勝負するべきだ。

③ ア

ガイド付き

練習問題 1

次の文章を読んで、下の1〜3に答えなさい。

日本人のしぐさということで私がまず思いつくのは「①あいづち」である。このことばのおもしろさにまずひかれる。『広辞苑《こうじえん》』には「〈相槌・相鎚〉鍛冶《かじ》で、互《たが》いに打ち合わす鎚《つち》」とある。鎚をトンカントンカンと打ち合わす快《かい》は、もはや私たちの日常《にちじょう》生活からは遠く、正月のもちつきの＊臼《うす》取りの愉快《ゆかい》さえ、光景《こうけい》としても日々に遠ざかってしまった。

〈しかし〉、あいづちということばは、二人の共同作業の快味をよく伝《つた》えているようである。きねをつく人よりもむしろ、拍子《ひょうし》おもしろく②臼取りする人のほうが、仕事としてむつかしくおもしろいのではなかろうか。受け身の、従《じゅう》の立場のほうが、共同の仕事の中で、より困難《こんなん》でより愉快味のある役割《やくわり》であるようだ。

スイスのガスカール女史《じょし》は、その「日本観察《かんさつ》ノート」の中で日本人の返事のアイマイさを批判《ひはん》している。「日本人から、確《たし》かな『イエス』か『ノー』の答えを得《え》ることは、全く不可能《ふかのう》なことに属《ぞく》します。(中略)『ソー、ネー……』といい、頭をかくのです。とにかくこっちはそれでちっとも利口《りこう》になるわけのものではなく、依然《いぜん》として、なにがなにやらわからないままです。③日本人とは、なんとややっこしい人でしょう!」

この指摘《してき》は別《べつ》に独創的《どくそうてき》なものでも特異《とくい》なものでもない。しかしそれだ

ガイド 〔　　〕をうめながら、読み進めよう。

答え➡別冊8ページ

最初《さいしょ》に話題が書いてあります。この後、「あいづち」ということばに特に注意をはらって読み進めましょう。

「しかし」から始まる段落《だんらく》は筆者の考えが示《しめ》されることが多いので、「しかし」ということばを〈　〉で囲《かこ》み、大切だと思うところにはタテ線を引いておきましょう。

「臼取り」の特徴《とくちょう》として、次の三つのことが挙《あ》げられています。

・きねをつくより、仕事としてむつかしく〔　　〕。
・受け身の、〔　　〕の立場である。
・共同の仕事のなかで、より〔　　〕で〔　　〕のある役割である。

1 ——線①「あいづち」を打つことと、——線②「臼取りする」ことについて、筆者はこの両者にどのような共通点《きょうつうてん》があると考えているか、答えなさい。

〔　　　　〕

けに、私たち日本人の身振《みぶ》りの、したがって文化の、他国の人によっては理解《りかい》されえない特異性《とくいせい》を浮《う》かび上がらせている。ふだん、私たちは気づかないが、人の話を聞くとき、たえずあいづちを打っている。心の中であいづちを打っている人もいるし、大げさな身振りであいづちを打っている人もいる。無意識《むいしき》であるだけになかなか本人は気づかない。

ラジオ、テレビのプロデューサーがしろうとの出演者《しゅつえんしゃ》に対して「教育」することの一つはこの④あいづちを減《へ》らすことである。画面や声であいづちの身振りや「そう」「はい」という表現《ひょうげん》は目ざわり耳ざわりである。客観《きゃっかん》的に観察《かんさつ》すると、あいづちというのはなにかしら異様《いよう》に同調的な態度《たいど》をきわだたせてしまうのだ。客観的と言ったが、それはひょっとするとヨーロッパ人の目を私たちの客観の目の中に組み入れてしまったということかもしれない。

外国のビジネスマンが商取り引きにやってくる。何か懸命《けんめい》にまくし立てている。私たちのビジネスマンは相手の熱意《ねつい》に打たれ、思わずあいづちを打ってしまう。それは外国人には確実《かくじつ》な「イエス」のしぐさとして理解される。そして同意のサインをということになって、書類《しょるい》を取り出す。日本人はそれを見て、とても同意できないと首を横に振《ふ》る。外国人は驚《おどろ》いて、なんと日本人には誠意《せいい》がないのだろう、平気でウソをつくというふうに評価《ひょうか》する。

〈多田道太郎《ただみちたろう》『しぐさの日本文化』〉

＊臼取り　もちつきで、臼のそばにいて、もちをこね返すこと。

この部分と同じように、「日本人の身振り」が、例をあげて批判《ひはん》されている、もう一つの段落《だんらく》の初《はじ》めの五字を答えましょう。

□□□□□

2 ——線③「日本人とは、なんとややっこしい人でしょう!」とあるが、ガスカール女史が「ややっこしい」と感じるのは、日本人のどんなところか、答えなさい。

［　　　　］

プロデューサーが「あいづちを減らす」ように言う理由が書いてあるひとつづきの二文をさがし、タテ線を引きましょう。

←

その二文では、あいづちは、次のようなものだと言っています。

・「　　　　」なもので、

・「　　　　」ものだ。

3 ——線④「あいづちを減らすこと」とあるが、なぜあいづちを減らさなければならないのか、説明《せつめい》しなさい。

［　　　　］

（出題例　東京・普連土学園中）

ガイド付き

練習問題 ②

次の文章を読んで、下の1に答えなさい。

「いま、上空から眺《なが》めて一番きれいな夜景《やけい》は東京」

世界の夜景を機上《きじょう》から眺め続けている人々の意見だけに説得力《せっとくりょく》がある。まさに我《わ》が意を得《え》た思いがした。世界広しといえども、東京ほど広大な広がりを持つ都市はないし、信頼感《しんらいかん》あるひとつひとつの灯《あか》りがそういう規模《きぼ》で結集《けっしゅう》しているわけである。このあたりに僕《ぼく》はひとつの確信《かくしん》を持つ。

掃除《そうじ》をする人も、工事をする人も、料理《りょうり》をする人も、灯りを管理《かんり》する人も、すべて丁寧《ていねい》に＊篤実《とくじつ》に仕事をしている。あえて言葉《ことば》にするなら「繊細《せんさい》」「丁寧」「緻密《ちみつ》」「簡潔《かんけつ》」。そんな価値観《かちかん》が根底《こんてい》にある。日本とはそういう国である。

これは海外では簡単《かんたん》に手に入らない価値観である。①パリでも、ミラノでも、ロンドンでも、たとえば展覧会《てんらんかい》の会場ひとつ日本並《な》みの完成度《かんせいど》で作ろうとするなら、その骨折《ほねお》りは並大抵《なみたいてい》ではない。基本的《きほんてき》に何かをよりよく丁寧にやろうという意識《いしき》が希薄《きはく》である。労働者は時間がくれば作業をやめる。効率《こうりつ》や品質《ひんしつ》を向上させようという意欲《いよく》よりもマイペースを貫《つらぬ》く個《こ》の尊厳《そんげん》が仕事に優先《ゆうせん》するとでも言うか。それを前提《ぜんてい》に、管理する側《がわ》がほどよく制御《せいぎょ》して仕事を進めていく。確《たし》かに、ヨーロッパには職人《しょくにん》

ガイド 「　」をうめながら、読み進めよう。

答え➡別冊10ページ

「労働者は時間がくれば作業をやめる」について、

(1) 筆者が考える、その理由が書いてある一文をさがし、初《はじ》めの五字をぬき出しましょう。

(2) これとは対照的《たいしょうてき》な働《はたら》き方が書いてある一文をさがし、初めの五字をぬき出しましょう。

(3) その理由が書いてある一文をさがし、初めの五字をぬき出しましょう。

気質というものが存在《そんざい》するが、日常《にちじょう》の掃除《そうじ》や、展示会場《てんじかいじょう》の設営《せつえい》などは、職人気質の及《およ》ぶ範囲《はんい》ではないのかもしれない。さらに言えば、こうした普通《ふつう》の環境《かんきょう》を丁寧《ていねい》にしつらえる意識《いしき》は作業をしている当人たちの問題のみならず、その環境を共有《きょうゆう》する一般《いっぱん》の人々の意識のレベルにもつながっているような気がする。特別《とくべつ》な職人の領域《りょういき》だけに＊高邁《こうまい》な意識を持ち込《こ》むのではなく、ありふれた日常空間の始末《しまつ》をきちんとすることや、それをひとつの常識《じょうしき》として社会全体で＊暗黙裡《あんもくり》に共有すること。美意識とはそのような文化のありようではないか。

ものづくりに必要《ひつよう》な資源《しげん》とはまさにこの「美意識」ではないかと僕《ぼく》は最近《さいきん》思いはじめている。これは決して比喩《ひゆ》やたとえではない。ものの作り手にも、生み出されたものを喜《よろこ》ぶ受け手にも共有される感受性《かんじゅせい》があってこそ、ものはその文化の中で育《はぐく》まれ成長《せいちょう》する。まさに美意識こそ、ものづくりを継続《けいぞく》していくための＊不断《ふだん》の資源である。しかし一般的《いっぱんてき》にはそう思われていない。資源といえば、まずは物質的《ぶっしつてき》な天然《てんねん》資源のことを指す。

〈原研哉《はらけんや》『日本のデザイン』〉

＊篤実　情《じょう》が深くて誠実《せいじつ》であること。
＊高邁　志《こころざし》がとても高いこと。
＊暗黙裡　口に出さないで。内密《ないみつ》に。
＊不断　とだえず、続くこと。日常《にちじょう》のこと。いつも。

1 ――線部①「パリでも、ミラノでも、ロンドンでも、たとえば展覧会の会場ひとつ日本並みの完成度で作ろうとするなら、その骨折りは並大抵ではない」とあるが、ヨーロッパではむずかしいのはなぜか。日本とヨーロッパのちがいが明らかになるように説明《せつめい》しなさい。

［　　　　　　　　　　　　　　　　］

「職人気質の及ぶ範囲ではないのかもしれない」は、言いかえれば、日常の掃除や展示会場の設営などの［　　　　］ことは丁寧にやらない、ということです。

（出題例　鹿児島・ラ・サール中）

入試問題にチャレンジ

次の文章を読んで、下の問いに答えなさい。

満員《まんいん》電車で、乗客たちの行動を見ていて気がついたことがある。それは、このおびただしい数の、押《お》しつぶされた人間たちが、例外《れいがい》なしに無《む》表情《ひょうじょう》で、しかも無言《むごん》だ、という事実である。みんな、むっつりと黙《だま》って、つまらなそうな顔をしている。もとより、満員電車に乗っているということは、あんまり愉快《ゆかい》な経験《けいけん》であろうはずがなく、この何千何万の通勤者《つうきんしゃ》たちが、イワシのカン詰《づ》めのごとくにつぶされ、なおかつ、ニコニコおしゃべりをしているとするなら、それこそ不気味《ぶきみ》というべきであろう。無表情、無言、ということこそ、こうしたばあいの人間性《にんげんせい》なのである。

だが、①その無表情、無言も程度《ていど》問題だ、とわたしは思う。とりわけ、満員電車から降《お》りるときに、無言で人を押しのけ、ドアにむかって移動《いどう》する人びとにぶつかると、なんとなく、へんな気持ちになる。それは、あたかも人間のかたまりのまん中を貫通《かんつう》して、巨大《きょだい》なモグラが動いているような感じなのだ。押しのけるほうも、押しのけられるほうも、ひたすら無言。それがわたしにはふしぎなのである。

同じようなことを、わたしは、たとえばデパートのエレベーターなどでも経験する。ある階でとまると、突然《とつぜん》に、奥《おく》のほうから無言のモグラ

問1 ——線①「その無表情、無言も程度問題だ」とあるが、どういうことか、説明《せつめい》しなさい。

［　　　　　　　　　　］

答え➡別冊43ページ

が動いてくる。突然だから、こっちもびっくりする。いずれにせよ、あんまり、いい気持ちのものではない。

ちょっとひとこと、声をかけてくれればいいのに、と思う。「おりますよ」「ごめんなさい」――そういう簡単《かんたん》なひとことがかけられれば、こっちもそれをひとつの準備刺激《じゅんびしげき》として、通過《つうか》する空間をつくるべく努力《どりょく》できるはずである。そして、「どうぞ」という反応《はんのう》のことばも、おのずから出てこようというものだ。黙《だま》って、やたらに背中《せなか》を押されていたのでは、何が何やらわからず、不愉快《ふゆかい》な思いをせざるをえない。

そのうえ、この②モグラ人間の中には、しばしば、押しわけ、かきわけながら、まわりの人間たちを一種《いっしゅ》の敵意《てきい》と憎悪《ぞうお》に満《み》ちた眼差《まなざ》しでにらみつける連中《れんちゅう》がいる。あたかも、自分が脱出《だっしゅつ》のため四苦八苦しているのは、まわりの人間たちがいけないからだ、といったような表情《ひょうじょう》がそこにはある。そういう表情でにらまれると、こっちも腹《はら》が立ち、出させてやるものか、といった気持ちがかすめる。したがって、ゆずりあうというよりも、押しあう姿勢《しせい》をとらざるをえなくなり、満員《まんいん》の電車やエレベーターは、ますます不愉快な経験《けいけん》となる。

さまざまなサービスの場面でも、われわれは、おしなべて沈黙民族《ちんもくみんぞく》だ。たとえば喫茶店《きっさてん》で飲む一杯《いっぱい》のコーヒーがそうだ。ウェイトレスが注文をとりにくる。われわれの多くは、ただ「コーヒー」とひとこと事務的《じむてき》につぶやく。彼女《かのじょ》は、やがて無言のままコーヒーと伝票《でんぴょう》を、これまた事務的にポンとテーブルの上に置《お》き、お客のほうも、黙々《もくもく》とコーヒーを飲み、金を払《はら》って帰ってゆく。③これもまた、どうにかならないか、とわた

問② ――線②「モグラ人間」とはどのような人間か。四十字以《い》内《ない》で説明《せつめい》しなさい。

ヒント

問① 満員《まんいん》電車での人々のようすをとらえよう。

問② 直前に「この」とあることに注目！ 前の内容《ないよう》をとらえよう。

しは思う。

(中略)

たとえば、アメリカでコーヒー・ショップに入る。ウェイトレスはメニューをもって「おはようございます。ご機嫌《きげん》いかが?」と、まずこうくる。こっちのほうは、それにこたえて、「ありがとう、まあまあだね、ところで……」と、とにかく、何かものを言わざるをえない仕掛《しか》けになっているのである。そして、そういう、行きずりの人間関係《かんけい》のウォーミング・アップののちに、コーヒーが運ばれてくるわけで、したがって、彼女《かのじょ》のほうは、「お待たせしました。さあどうぞ」ということになり、こちらとしても、「ありがとう」ということばが自然《しぜん》に出てくるものなのだ。

もとより、こんなふうにして交《か》わされるふたこと三ことの会話に実用《じつよう》的《てき》意味があるか、といえば、答えは否《いな》である。別《べつ》にお天気がよかろうと悪かろうと、あるいは＊当方の機嫌がどうであろうと、そんなことは実のところ、問題ではない。そこでの「会話」をことばの「意味」に照《て》らして考えてみたら、まったく無意味という以外《いがい》に言いようはないのである。しかし、この無意味なる会話のあるなしによって、人間どうしのかかわり合いの形は、ずいぶんことなったものになる。早い話、ぶすっ、と押《お》し黙《だま》ったウェイトレスがガチャリとテーブルの上に置いてゆくコーヒーと、にっこりほほえんで「さあどうぞ」と置かれるコーヒーと、どっちがあなたにとっておいしいか。

④日本文化が沈黙《ちんもく》によって支配《しはい》されているのは、いったいなぜか——これは歴史《れきし》的にも社会的にも、きわめて興味《きょうみ》ある問題である。＊柳田国男《やなぎだくにお》

問3 ——線③「これもまた、どうにかならないか、とわたしは思う」について、

(1) 「これ」とはどのようなことを指しているか。四十字以内《いない》で答えなさい。

(2) (1)のことを改善《かいぜん》するには、筆者は、日本人に何が必要《ひつよう》だと考えているか。文中から七字でぬき出して答えなさい。

先生がその著作の中でくりかえし指摘《してき》されたように、日本の民衆《みんしゅう》生活の中で、おしゃべりというものがマイナスの価値《かち》をもち、ただ黙々《もくもく》と働《はたら》くことが美徳《びとく》とされてきたこと、そして、さらに、そんなわけで「もの言うすべ」を身につける機会《きかい》を日本人の多くがもたなかったこともその一因《いちいん》だろう。また、いちいち、あれをこうしろとか、こっちをどうしろとか、ことばを使わないでも以心伝心《いしんでんしん》式の方法《ほうほう》でどうにか社会を維持《いじ》してきたという実績《じっせき》が、沈黙への自信《じしん》を深めている、とみることもできる。

（中略）

わたしは、日本文化の改造《かいぞう》などという大それたことに*気焔《きえん》をあげたくはない。しかし、満員電車からおりるときには、「すみません、おりますよ」というひとことを、また、何かのサービスを受けたときには「ありがとう」というひとことを口にするという簡単《かんたん》な習慣《しゅうかん》が、ひとりでも多くの日本人の中に定着してほしいと思う。旗《はた》を立てて絶叫《ぜっきょう》するのも結構《けっこう》だが、ふだんの小さな会話をだいじにしたいと思う。それだけで、ずいぶん身辺は明るくなるにちがいないのである。

〈加藤秀俊《かとうひでとし》『日本人の周辺《しゅうへん》』〉

*当方　自分の方。こちら。
*柳田国男　有名な日本文化の研究者《けんきゅうしゃ》。
*気焔をあげる　勢《いきお》いさかんに意見を述《の》べる。

問4 ——線④「日本文化が沈黙によって支配されている」とあるが、どのような理由によると筆者は考えているか。八十字以内で説明《せつめい》しなさい。

（東京・白百合学園中）

ヒント

問3 (1) 指示語《しじご》の指す内容《ないよう》は、前の部分からさがそう。
(2) アメリカやヨーロッパではどうしているのか。

問4 最後《さいご》から二つめの段落《だんらく》の内容をとらえよう。

1 「あなたの考え」を書くコツを覚《おぼ》えよう

ステップ1

設問文《せつもんぶん》に「この文章を読んで」という条件《じょうけん》があるのを確認《かくにん》する。

公立中高一貫《いっかん》校の適性検査《てきせいけんさ》問題の作文も、これまで学んできた物語文や説明文《せつめいぶん》の記述《きじゅつ》の書き方で十分対応《たいおう》できるものがほとんどです。ただ、中には、ひとりひとりの「自分の意見や考え」を四百～五百字程度《ていど》で説明させる「作文問題」が出題されることがあります。まずは、設問文を注意深く読み、「読んだ文章をふまえて書くのかどうか」を確認してください。

ステップ2

文章のどこを「材料《ざいりょう》」にするか、見つけることがもっとも大切。

このタイプの問題もさらに、「文章を読んで感じたことを書けばよいもの」と「文章の内容《ないよう》をまとめたうえで、それに対する考えを書くもの」に大別《たいべつ》できます。後者の場合、内容の読みとりに失敗《しっぱい》しますと

やってみよう 1

次の文を読んで、あとの問いに答えよう。

皆《みな》さん、本を読みますか。なぜ人は本を読むのでしょう。まず、本を読むのは面白《おもしろ》い、楽しいということがあるでしょう。皆さんはマンガを読むでしょう。面白くて、「アッハッハッ」とか「クスクス」と笑《わら》ったりしますね。ともかく、面白いということはいいことです。それに「笑う」ということもいいですね。愉快《ゆかい》に笑うことは、健康《けんこう》のためにもいいことだということが、お医者さんたちの研究《けんきゅう》からもわかっているのです。

面白かった、楽しかった。それもいいのですが、その後、自分の心に何も残《のこ》らなかったら少し残念《ざんねん》ですね。私《わたし》はときどき、本を読んだ後に、何が自分の心のなかに残ったのだろうとか、この本から私は何をもらったのだろう、とか考えたりします。

そんなときにわかりやすいのは、今まで知らなかった何かの知《ち》識《しき》を得《え》た、ということですね。たとえば、豊臣秀吉《とよとみひでよし》という人が、どんな人だったのか、どんなふうにして天下を取ったのか。そのときの武士《ぶし》たちはどんな戦《たたか》いをしていたのか、などということを知ります。あるいは、日本の国はどのくらいの広さで、北から南までどのくらいの長さなのか、島はいったいどのくらいあるのか。

的《まと》はずれな記述になってしまうので注意しなければなりません。

ポイント16 長文の記《き》述《じゅつ》は、次の基本《きほん》パターンにあてはめる。

① 「文章のポイント(材料)」を要約《ようやく》する。
↓
② それに合った「自分の経験《けいけん》」を説明《せつめい》する。
↓
③ 「自分の考え」を導《みちび》き出す。

五百字前後の超《ちょう》長文も、右の基本《きほん》パターンのように三つの部分からできあがっていると考えれば、ひとつのブロックにつき百五十字程度《ていど》になります。しかし、「自分の経験」（エピソード）はできるだけくわしく具体的に書いた方がわかりやすくなるので、おそらく指示《しじ》された字数の半分程度にはなるでしょう。その分、文章自体のまとめと最後《さいご》にまとめる自分自身の考えの字数はおさえ、これまで学んできた「因果関係《いんがかんけい》を説明する記述の基本ブロック」にあてはめればよいのです。

などと言っても小さいのまで数えていたら数えきれませんね。そんなことを調べているうちに、お父さんは福井《ふくい》県の生まれで、お母さんは兵庫《ひょうご》県の生まれ、などとわかると、お父さん、お母さんの子どものときは、どんなところに住んでいたのだろう、などと好奇心《こうきしん》がわいてきますね。それで、本をどんどん読みすすんでゆくことになります。

〈河合隼雄《かわいはやお》「なぜ人は本を読むのか」〉

① 「なぜ人は本を読むのか」について、筆者があげている二つの理由を短くまとめなさい。

② ①の二つの理由について、あなた自身が経験《けいけん》したことを簡単《かんたん》にまとめなさい。

答え

① ①＝本を読むのが面白く楽しいから。
②＝今まで知らなかった知識が得られるから。

② [例] ①＝私と同じ種類の犬を飼っている少年が主人公の物語を読み、少年の飼い犬への気持ちがよくわかり、とてもおもしろかった。
②＝えさのやり方や、散歩のさせ方など、今まで知らなかった犬を飼うときの注意点や工夫をこの本を通じて知ることができた。

♫ 似《に》たような経験《けいけん》を自分もしたことがないか、考えながら問題文を読んでみよう。

2 文章に合った「自分の経験《けいけん》」を思い出すコツを覚《おぼ》えよう

ステップ1 文章の内容《ないよう》と同じ経験《けいけん》を探《さが》そうとしてもむずかしい。

多くの適性検査《てきせいけんさ》の作文問題で「自分の経験（エピソード）」を書くことが求《もと》められます。テスト中に問題を読んでとっさに適当《てきとう》なエピソードを思い出さなくてはならない、というのも、かなりプレッシャーがかかりますね。うまい具合に、文章の内容と似《に》たような経験があればよいのですが、もしそのような経験がなければ途方《とほう》に暮《く》れてしまいそうで、考えただけでも不安《ふあん》になりますね。ですから、練習の段階《だんかい》でエピソードを思い出すことに意識《いしき》を向けておくのも大切です。

ステップ2 文章のポイントをできるだけ抽象《ちゅうしょう》化《か》すると、自分に当てはめやすくなる。

エピソードが思いうかばない原因《げんいん》のひとつに、「文章中の具体例《れい》に影響《えいきょう》されすぎてしまう」ことがあります。人はどうしても具体的なできごとに強い印象《いんしょう》をもつものですから、これも自然《しぜん》なことなのです。しかし、人によって経験《けいけん》はまちまちですので、あまりに意識《いしき》しす

やってみよう 1

次の文章を読んで、言葉《ことば》を「凶器《きょうき》」として用いてしまった経験《けいけん》を答えよう。

「むかしは雷《かみなり》が鳴ると、雷さまにヘソを取られてしまうから、ちゃんとしまいなさい、と言われたものですが、最近《さいきん》はそういう言い方を聞かなくなりましたね。」

さあ、何と返事をしようか。うーん、いまだって、子どもに対しては、そういう言い方をしていると思うのだが。

「いやあ、それは村松《むらまつ》さんが、そんなことはもう言われない年齢《ねんれい》になったからではないですかねえ」

ここで時間はいっぱい。苦笑《くしょう》する二人がお辞儀《じぎ》をして、番組は終わります。

番組の最後《さいご》にどれだけ時間が残るか、事前にはわかりません。あらかじめ会話のテーマを決めておくことなどはできないのです。その場、その場で何を言うか。視聴者《しちょうしゃ》の気分に合うようなテーマであって、できればユーモアがあって、なおかつ聞く人の心を傷《きず》つけてはいけない。ハードルは高いのですが、究極《きゅうきょく》の会話レッスンだったような気がします。

いまの「かけあい」も、微妙《びみょう》な線ではあります。このときは、言われた村松さんは放送が終わった後で笑《わら》い転げてくれ、スタッ

ぎると自分と重ね合わせられなくなるおそれがあります。そこで、文章のポイントを自分なりに抽象化してみたうえで、一度勇気《ゆうき》を出して、文章の内容からはなれてみるのもよいでしょう。「筆者にとってのできごと」から「自分だけのエピソード」に飛《と》び移《うつ》るような感覚《かんかく》です。

ポイント 17

「学校でのできごと」「家でのできごと」「テレビや本によって知ったこと」など、日ごろの生活をふり返って整理する。

みなさんは毎日、家や学校でさまざまな経験《けいけん》を積《つ》んでいます。それらを「うれしかったこと」「悲しかったこと」といった単純《たんじゅん》な分け方でなく、「不安と自信《じしん》」「後悔《こうかい》と希望《きぼう》」「協調《きょうちょう》と自由」といった、だれにもあてはまる「対照的《たいしょうてき》な心のようす」を表すことばにして、整理する習慣《しゅうかん》をつけるとよいでしょう。このように、自分自身の経験をふりかえることは作文対策《たいさく》にとどまらず、みなさんが心の成長《せいちょう》をしていく助けになるはずです。

やってみよう 1

フの間でも爆笑《ばくしょう》だったので良《よ》かったのですが、人によっては、私の返答はむっとする内容《ないよう》だったかも知れません。

「あなたはもう子どもではないんだから、そんなことは言われないでしょ」と、軽くからかっているだけなのですが、相手がせっかく投げかけてくれた会話のボールを、叩《たた》き返したように受け取られる恐《おそ》れもあります。女性《じょせい》の年齢《ねんれい》に関《かん》する話題になってしまった、という印象《いんしょう》になる可能性《かのうせい》もあります。「気心が知れているから大丈夫《だいじょうぶ》」と思って気軽にしゃべった話が、相手を傷《きず》つけることもあるのです。

考えてみると、これは日常《にちじょう》会話の原点でもあるような気がします。人と会話をするのだったら、できるだけ楽しくおしゃべりをしたいものです。ユーモアを交えた会話であり、なおかつ、相手や、その会話を聞いている第三者の心を傷つけることもないようにする。

常《つね》にそれを心がけることが必要《ひつよう》だと思うのです。そうは言っても、簡単《かんたん》なことではありませんね。私だって、どれだけ不用意《ふようい》な発言で聞いている人の心を傷つけているかわかりません。他人のことを言う資格《しかく》はありません。言葉《ことば》は、使い方次第で、相手の心に突《つ》き刺《さ》さる凶器《きょうき》にもなれば、相手をなぐさめる薬にもなるのだということを心に留《と》めておかなければならないと思うのです。

〈池上彰《いけがみあきら》『相手に「伝わる」話し方』〉

答え

[例] 大事な試合で、何度もミスをする友だちに「おまえヒーローじゃん、敵の」と言って泣かせてしまった。

3 元になる文章のない、完全《かんぜん》な「作文」のコツを覚《おぼ》えよう

ステップ1 設問文《せつもんぶん》に注意して、書くべきことを整理する。

文章をふまえる必要《ひつよう》のない作文問題では、設問文に書くべきことが細かく定められています。そのため、たいていの設問文は長くなっているので、注意深く読みとらなくてはなりません。書くべきことは何か、いくつあるか、といったことは書き出す前にもれのないようにしっかり確認《かくにん》しておきましょう。

ステップ2 「作文のゴール＝結論《けつろん》」を大まかに決めることが大切。

設問文《せつもんぶん》が最終的《さいしゅうてき》に求《もと》めていることが、みなさんが書く「作文のゴール＝結論」になります。問題用紙の余白《よはく》などにはっきりとメモしておきましょう。

設問文が最終的に求めていること
↓
作文のゴール＝結論

やってみよう 1

次の設問文《せつもんぶん》を読んで、あとの問いに答えなさい。

最近《さいきん》、言葉《ことば》の使い方が乱《みだ》れてきていると言われます。あなたはこの意見に賛成《さんせい》ですか、反対ですか。

① あなた自身の考えを一度無視《むし》して、「賛成」「反対」それぞれの立場から、相手側に反対する意見を簡単《かんたん》にまとめなさい。

(1) 反対（言葉の使い方は乱れていない）

(2) 賛成（言葉の使い方が乱れている）

② ここで話題になっている「言葉」がもしなくなったとしたら、どんなことになると思いますか。説明《せつめい》しなさい。

③ ②で考えた「言葉の大切さ」をもとにして、言葉の乱れがあるかないか、あなたの意見を書きなさい。

答え

① (1) [例] ちゃんと通じているのだから乱れていない。

(2) [例] 自分の友だちや家族などの間だけで通じていても、それ以外の人と理解し合えない。

② [例] 「言葉」がなくなったとしたら、身近な人とおたがいがどんなことを考えているか伝えられなくなっ

あとは設問文に細かく書かれたいくつもの条件《じょうけん》をひとつひとつ整理していきます。結論《けつろん》につながっていくさまがわかるように図にするなどしてメモに書き足していくと、作文が書きやすくなります。

ポイント 18

「自分の経験《けいけん》」を強調するには、「○○がなかったとしたら……」という形にしてまとめるとよい。

このような問題では、文章を要約《ようやく》する部分がない分、エピソード部分を厚《あつ》く書く必要《ひつよう》があります。その際《さい》のコツは、問題で問われていることが「ない」あるいは「満足《まんぞく》できない」などの否定的《ひていてき》な場面を仮定《かてい》してみることです。すでに学んだ説明文対策《せつめいぶんたいさく》の「比較《ひかく》してまとめる方法《ほうほう》」で、自分の意見につながるものとは反対のものと比較することで自分の意見を強調する書き方を、ここで活用するのです。わざと「○○がなかったとしたら……」と良《よ》くないことを仮定することで、「○○」の価値《かち》が強調できるのです。

やってみよう 1

てしまう。さらに、文字を通じて過去の人から伝えられてきたことがすべてなくなってしまい、放送などでおおぜいの人に何かを知らせることもできなくなってしまう。

③ [例] 言葉の使い方は乱れていないと思う。なぜなら言葉がないと人間どうしがたがいに考えを伝えあったりすることができなくなるが、今はちゃんと伝えあうことができているからだ。言葉の使い方が自分とちがっていても、意味が伝わるなら、それはいろいろな使い方があるということで、乱れているとは言えないと思う。

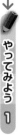

次の文章を読んで、下の1～2に答えなさい。

①子どものころからずっと、外国のいろいろな土地を旅してみたいと思ってきました。

大学生になってまもなく、ぼくは夢の実現にむけて行動を開始しました。なかまを集めて、探検部《たんけんぶ》をつくったのです。同じような夢をもつなかまが十人以上も集まりました。

まずはみんなで、本格的な探検にむけて、国内の山登りや川下りの練習をつみます。海外遠征《かいがいえんせい》を目標に、一年間に百日以上も山や川ですごしたこともありました。

トレーニングを続けながら、外国の*辺境地帯を探検した人に会っては、いろいろと話をきき、本を読んでは情報を集めました。自分で資金をつくるために、さまざまなアルバイトもしました。とにかく探検にでて、いままでとちがう環境《かんきょう》に自分をおいてみたかったのです。自然環境もそのほかの文化も、日本とはまるでちがうところへ行って、いままで知らなかった世界を見てみたい、そこに自分をほうりこむことで、いままで気づかなかった、意外な自分自身が見えてくるのではないだろうか、そんなふうに思っていました。

やがて、ぼくの心の中に、目的地が見えてきました。地球上でもっとも未知な部分を残している、*南米大陸《なんべいたいりく》を流れる世界最大の大河《たいが》アマゾン

ガイド 「　」をうめながら、読み進めよう。

答え⬇別冊12ページ

1 ――線①「子どものころからずっと、外国のいろいろな土地を旅してみたいと思ってきました」とあるが、筆者が「旅」に期待していたことは何か、四十字以上五十字以内で答えなさい。（解答欄《かいとうらん》は66ページ）

「筆者はなぜこの場所を行き先に選んだのでしょうか。理由を考えてみましょう。

「　　　　」ところだったから。

です。アマゾン探検の実現を目標に、大学を一年休学＊して現地に入ったのは、大学三年生、一九七一年のことでした。

この最初の旅で、ぼくは南米大陸の魅力《みりょく》にとりつかれました。以来、二十年以上も、南米大陸に通いつづけることになりました。

ギアナ高地、パタゴニア、アマゾン、オリノコといろいろな場所をおとずれ、いくつもの村をたずねました。狩《か》りにつれていってもらったり、魚を捕《と》りにいったり。畑仕事に参加し、祝いの席ではともに歌い、踊《おど》ります。

彼《かれ》らインディオ＊たちにとって、ぼくは、日本というどこか遠い所からやってきた、なんの役にもたたない＊居候《いそうろう》です。でも、彼らはぼくを受けいれ、安全にすごせるように気を配ってくれました。食べ物も、「さあ、これを食べてみろ、うまいぞ」と、いちばんおいしいところをわけてくれます。

こんなに親切にしてもらっても、ぼくはなにもしてあげられない。彼らにたいして、申しわけないという思いがつのってきます。

なにかぼくにできることはないだろうか。

そんなときに、病気で苦しむ子どもの姿《すがた》が目にはいりました。村の生活でぼくのいちばんの友達《ともだち》は子どもたちでした。いっしょに森にはいって、木の実やフルーツ集めをしたり、魚を捕ったり、虫を捕ったり。好《こう》奇心《きしん》いっぱいの子どもたちは、いろいろなことを教えてくれます。

その子たちが、日本でならば、薬ですぐに治るような病気で苦しみ、ひどいときには命さえも失っているのです。医者になって、この子たちを救いたい——ぼくは医者になることを決意しました。

このように筆者は考えました。これは、「旅」が筆者にどのような変化をもたらしたといえるでしょうか。本文中から抜き出して答えましょう。

インディオたちに［　　　　］と思い、［　　　　］についてよく考えるようになった。

さらに筆者の思いは具体的に変化します。このあと筆者はどうしたでしょうか。次のページの続きを読んで、ふさわしいものを選びましょう。

ア 探検に夢中で医者になるための勉強をおろそかにしていたが、ようやく本気になった。

イ 大学三年から必死に試験勉強をして、医者になるための国家試験に合格した。

ウ 南米のアマゾンにある医学部を受験しなおして、子どもたちを救うために必死で勉強した。

エ 大学三年で一度大学をやめ、もう一度受験して医学部に入り、医者になるための勉強を始めた。

［　　］

そして、また受験勉強をして、医学部にはいりました。医学部の学生時代も、医者になってからも、もちろん南米大陸に通いつづけたのです。こうして南米大陸の魅力にとりつかれたことがきっかけで、ぼくはいま、人類の足どりをたどる旅に出発することになったのです。

〈関野吉晴『グレートジャーニー人類5万キロの旅① 嵐の大地パタゴニア』〉

＊辺境地帯　国の中心から遠く離れた土地。
＊南米大陸　南アメリカ大陸。
＊インディオ　南アメリカに以前から住んでいた民族。
＊居候　他人の家に世話になっている人。

1

（四十字）
（五十字）

2 この文章には「成長」をテーマに、筆者の体験や意見が書かれている。あなたは自らを「成長」させるために何が大切だと考えるか。次の二つの条件を満たしながら三百五十字以上、四百字以内で書きなさい。
条件1　第一段落では、この文章の要点をまとめること。
条件2　第二段落では、あなたの経験をふまえた考えを書くこと。

（解答欄は67ページ）

（出題例　東京・都立両国高附中）

2

（四百字）

（三百五十字）

ガイド付き

練習問題 2

次の文章を読んで、下の1～2に答えなさい。

ところが……、その感動も、ありがたみもつかの間のことだったのです。

「そこまでやってくれるのなら、もっともっと楽をしたい。」

全自動といっても、スイッチを入れ洗濯《せんたく》が終了《しゅうりょう》すればそれで洗濯が完結《かんけつ》するわけではありません。洗濯物を干《ほ》し、乾《かわ》いた洗濯物を取り込《こ》むという手間をめんどうと感じるようになっていきました。「いっそのこと、たたんでタンスにしまってくれたら……。だって全自動なんだから……。」などと、乾いた洗濯物を見るたびに思うようになりました。いささか極端《きょくたん》な望《のぞ》みとは思いつつも、さらなる「便利《べんり》」を求《もと》めるのは自《し》然《ぜん》なことです。わたしは、二槽《にそう》式洗濯機で洗濯槽と脱水槽《だっすいそう》の間で洗濯物を往復《おうふく》させたことなど、すっかり忘《わす》れていました。最近《さいきん》では、干すところまでやってくれる乾燥機能《かんそうきのう》つきの洗濯機も出てきましたが、この便利さもやがてあたりまえのものになってしまうのでしょうか。

①なんとも勝手なものですね。でもこれは、人間が持っている「便利さ」に対する共通の心の動きなのかもしれません。ある家電メーカーの開発者は、新製品《せいひん》のセールスポイントとして取り扱《あつか》いやメンテナンスが簡単《かんたん》であることを強調すると、ユーザーからは「もっと簡単なものがほしい」

ガイド　【　　】をうめながら、読み進めよう。

答え➡別冊18ページ

「二槽式洗濯機で洗濯槽と脱水槽の間で洗濯物を往復させたこと」とは、かつて【　　】だったことがすっかりすたれたということを表しています。

1 ——線①「なんとも勝手なものですね」とあるが、筆者はどのようなことを「勝手」といっているのか。百二十字以内《いない》で説明《せつめい》しなさい。（解答欄《かいとうらん》は70ページ）

「人間が持っている『便利さ』に対する共通の心の動き」とはどういうことでしょうか。「～こと」につながるように、これと同じ意味を表している十七字ちょうどの部分をぬき出しましょう。

（　　　　　　　　　　　　　　　　　）こと

という感想が返ってくると話していました。どこまでも簡単に、どこまでも便利《べんり》に。もっと楽に、もっと速く、もっと正確《せいかく》に、もっとたくさん、もっときれいに……。わたしたちがこのような「もっと」を持っているために、便利さはすぐに「インフレ*」を起こします。便利なものが増《ふ》えたり便利さに慣《な》れたりすることで、便利さの価値《かち》が相対的《そうたいてき》に下がっていくのです。そして、意外と底《そこ》の浅《あさ》かった「自動の底力」にちょっと失望《しつぼう》し、全自動洗濯機《せんたくき》による洗濯は「軽減《けいげん》された家事」ではなく、「ふつうの家事」へと格下《かくさ》げされました。そしてはじめて手にしたときの目の覚《さ》めるような驚《おどろ》きやうれしさは、「全部が自動じゃない全自動洗濯機」への不満《ふまん》、もしくはあきらめへと姿《すがた》を変《か》えていきました。

新しい機械《きかい》を手に入れて感動と落胆《らくたん》を繰《く》り返す。みなさんにも覚《おぼ》えがありませんか。

〈佐倉統《さくらおさむ》・古田《ふるた》ゆかり『おはようからおやすみまでの科学』〉

＊インフレ　ここでは「物事の価値が下がること」をたとえている。

「軽減された家事ではなく、ふつうの家事へと格下げされました」とは、わかりやすく説明すると、それまでになかった新しい技術によって生活が便利になっても、それが［　　］のこととなってしまい、［　　］を感じなくなっていくようになる、ということです。

2　＝線「いっそのこと、たたんでタンスにしまってくれたら……。だって全自動なんだから……。」とあるが、「もしこのようなものができたら、もっと便利になる」とあなたが考える具体例《ぐたいれい》をあげ、さらに、それが実現《じつげん》したとき、生活はどのように変化すると予測《よそく》されるか、また、そのような変化の良い点、悪い点についてのあなたの考えを四百字以内で書きなさい。

（解答欄は71ページ）

（出題例　静岡・県立浜松西高中等部）

1

2

入試問題にチャレンジ

次の文章を読んで、下の問いに答えなさい。

これから生きていくとき、知らない場所や世界にどんどん出て行くことになりますが、それは、知らない道を歩くのに似《に》ています。

そのとき、地図を持っていなければ、目的地《もくてきち》に上手にたどりつくことは難《むずか》しいですね。小学生になると、小さい頃《ころ》は一人で行けなかった町にも、自分で行って帰ってこれるようになるでしょう。それはその町についての地図が頭の中にできたからです。

それと同じように、勉強するということは、知らないところに行っても上手に目的地を探《さが》せるよう、地図を自分の心や頭の中に作っていくということでもあるのです。

その地図の中には、人と接《せっ》するときにはこう接しなければいけない、とか、人の気持ちはこうして感じ取らなければいけないんだ、ということを教えてくれる心がまえの地図もあります。

また、生きていく中でだれでも道に迷《まよ》ったりつまずくことがありますが、そのときに「大丈夫《だいじょうぶ》、自分は必《かなら》ずうまく生きていける」という、自分に対する信頼《しんらい》の気持ちを持っていることもとても大切です。何か問題が解《と》けたとき、「あ、解けた！」とうれしい気持ちになりますが、そんな経験《けいけん》を積《つ》み重ねることで、人は自分に対する信頼の地図を作ってい

問1 ——線「地図を自分の心や頭の中に作っていく」とはどういうことか。九十字以上百十字以内《いない》で書きなさい。

【注意】

① 題名や名前は書かないでください。
② 原稿用紙《げんこうようし》の一行目から書き始めてください。
③ 段落《だんらく》に分ける必要《ひつよう》はありません。

（解答欄《かいとうらん》は74ページ）

答え➡別冊44ページ

くのですね。

いろんなことを知らなかった自分が、いろんなことを知っている自分に変《か》わっていく。自分っていろんなことができるんだ、という自信が大きく育っていく。自分がだれに支《ささ》えられて生きているのかもわかってくる。これも心の地図の一部になります。

こうして、心の地図をたくさん手に入れながら自分を信頼《しんらい》して歩いていくと、夢《ゆめ》や希望《きぼう》にたどりつけるのです。

〈汐見稔幸《しおみとしゆき》「世の中が夜でも、明るく照《て》らすことができる心や頭が持てるように」〉

問2 この文章を読んで、あなたが感じたり考えたりしたことを、問1で書いた内容《ないよう》と関連《かんれん》させながら四百字～四百五十字で書きなさい。

（解答欄は75ページ）

（出題例　長崎・長崎県立中共通）

ヒント

問1 「地図」がどんなことをたとえているか考えよう。

問2 「自分の将来」や「自分の経験」をふまえて記述《きじゅつ》すること。

問①

（百十字）

（九十字）

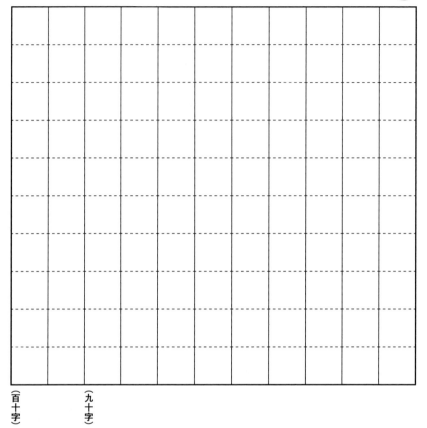

問2

(四百五十字)

(四百字)

1 「下げておいてから上げる」書き方で上手に強調しよう

ステップ1

「良《よ》い記述《きじゅつ》」とは「結論《けつろん》がはっきり明確《めいかく》な」記述。

キミたちが記述名人になるには、むずかしいことばを無理《むり》して使ったり、感動させるようなことばを使ったりする必要《ひつよう》はありません。**自分が考えた「結論」をはっきりとさせた文章**が書ければ、それだけでもう立派《りっぱ》な記述名人なのです。それでは、「結論」をはっきりさせるにはどうしたらよいのでしょうか。

ステップ2

結論《けつろん》を強調する工夫《くふう》が大切。

言いたいことを強調するには、次の三つの方法があります。それぞれの三つの例文《れいぶん》を読み比《くら》べて、ちがいを理解《りかい》してください。

① 「たくさん」「一生懸命《いっしょうけんめい》に」などの**直接修飾《ちょくせつしゅうしょく》することばを使って強調する方法《ほうほう》。**

[例] 昨日《きのう》は一生懸命、たくさんの問題を解《と》いて勉強した。

やってみよう 1

次の文をあとの指示《しじ》に合わせて書きかえてみよう。

わたしはきのうサッカーの練習をした。

(1) がんばったことを強調することばを使って書きかえる。

(2) できるだけ具体的に書きかえる。練習内容《ないよう》は「ランニング」「パス練習」「ドリブル練習」「シュート練習」「守備《しゅび》練習」「ミニゲーム」。時間は「六時間」。

(3) 逆《ぎゃく》のことをあげて「がんばったこと」を強調して書きかえる。逆のことは「つかれがたまっていた」「足の痛《いた》みが強くなっていった」。

答え

(1) [例] 私はきのう必死になってサッカーの練習をした。

(2) [例] 私はきのう、六時間もの間、ランニングにはじまり、パス、ドリブル、シュート、そして守備の練習をした後、ミニゲームで終わるまでサッカーの練習をした。

(3) [例] きのうはつかれがたまっていたうえ、足の痛みが強くなってきたけれど、それに負けずにがんばってサッカーの練習をした。

② できるだけ細かいことまで具体的《ぐたいてき》に説明《せつめい》して強調する方法。
［例］昨日は朝からずっと食事の時間以外《いがい》は部屋にこもりきりで、勉強した。
③ わざと逆《ぎゃく》のことをあげて強調する方法。
［例］昨日、友だちはみんな楽しく遊んでいたはずだが、ぼくは勉強した。

ポイント 19

結論《けつろん》とは逆のことをいったんあげると、結論を強調できる。

「がんばって勉強したこと」を強調する方法の中で、記述名人をめざすみなさんに身につけてほしいのが、③の「わざと逆のことをあげて強調する方法」です。これは物語文だけでなく説明文《せつめいぶん》の記述《きじゅつ》や作文などあらゆる問題に活用しやすい書き方です。また、具体的《ぐたいてき》に書いて字数をふやすことも、反対に抽象的《ちゅうしょうてき》に書いて短い字数でまとめることもでき、自由自在《じゆうじざい》に調整することができるのです。

↓ やってみよう 1
↓ やってみよう 2

やってみよう 2

次の四つの文をすべて使って、あとの指示《しじ》に合わせてひとつの文にまとめてみよう。

① 先生はきびしい人だ。
② 先生は生徒《せいと》思いだ。
③ 先生はぼくたちがなまけているときつくしかる。
④ 先生はぼくたちの夢《ゆめ》がかなうことを楽しみにしてくれる。

【指示】
(1) 先生がどんな人か、きびしさを強調して書く。
(2) 先生がどんな人か、生徒思いなことを強調して書く。

答え
(1) ［例］先生はぼくたちの夢がかなうことを楽しみにしてくれるほど生徒思いだが、ぼくたちがなまけているときつくしかるようなきびしい人だ。
(2) ［例］先生はぼくたちがなまけているときつくしかるきびしい人だが、ぼくたちの夢がかなうことを楽しみにしてくれるほど生徒思いだ。

③は①の具体例《ぐたいれい》、④は②の具体例。まず、「具体例→結論《けつろん》」のブロックを作ろう。

2 「共通点」と「ちがい」を整理して上手に比較《ひかく》しよう

ステップ1

「速さ」を比《くら》べるには「走る距離《きょり》」を同じにする必要《ひつよう》がある。

ここでいう「速さ」「走る距離」という比喩《ひゆ》は、記述《きじゅつ》について言えば「比べるポイント」「文章の書き方」を指しています。文の形が比べるものどうしでそろっていると、その分、内容《ないよう》のちがいが際立《きわだ》つのです。比較《ひかく》して説明《せつめい》するときは何よりもまず、文の形をそろえるようにしましょう。

ステップ2

比較《ひかく》するものどうしを「理由→結論《けつろん》」の形でそろえる。

文の形をそろえるには、「理由（原因《げんいん》）→結論（結果《けっか》）」つまり、次の因果関係《いんがかんけい》を説明《せつめい》するのがもっとも書きやすいでしょう。

- Aは～なので…になる。一方、Bは～なので…になる。
- Aは～だが、Bは～。その結果《けっか》、Aは…になるのに対し、Bは…になる。

という形がありますが、前者の方が基本的《きほんてき》といえるでしょう。

やってみよう 1

次の文章を読んで、あとの問いに答えよう。

みなさんはどんなお店でおすしを食べたことがありますか。おすしの店には「まわるおすしの店」と「まわらないおすしの店」があるのはご存《ぞん》じでしょう。では、この二種類《しゅるい》の店にはどんなちがいがあるのでしょうか。

一番大きなちがいは値段《ねだん》です。「まわるおすしの店」は、手ごろな値段でだれもがおすしを楽しめるようになっています。食材《しょくざい》を大量《たいりょう》に安く仕入れ、機械《きかい》を使って比較的《ひかくてき》かんたんにすしが作れるようにしています。また、店も、子どもがたくさん来店することから、親しみやすい雰囲気《ふんいき》に作られています。このように、本来は高価な値段を低《ひく》くおさえる努力《どりょく》をして、おいしいおすしを気軽に楽しんでもらい、客に満足《まんぞく》してもらおうとします。

それに対して、「まわらないおすしの店」は、子どもよりも大人向けに作られた、高級感のある落ち着いた雰囲気の店が多いようです。食材選《えら》びは、安さよりも味、つまり質《しつ》の高さを求めます。そして、お客さんに最高《さいこう》のおすしを食べてもらうことをめざしてみがいてきた、すぐれた技術《ぎじゅつ》と豊富《ほうふ》な経験《けいけん》をもつ職人《しょくにん》がにぎります。このように、あらゆる点で質の高さを追求《ついきゅう》することで、客に満足してもらおうとする結果《けっか》、どうしても値段は高くなりま

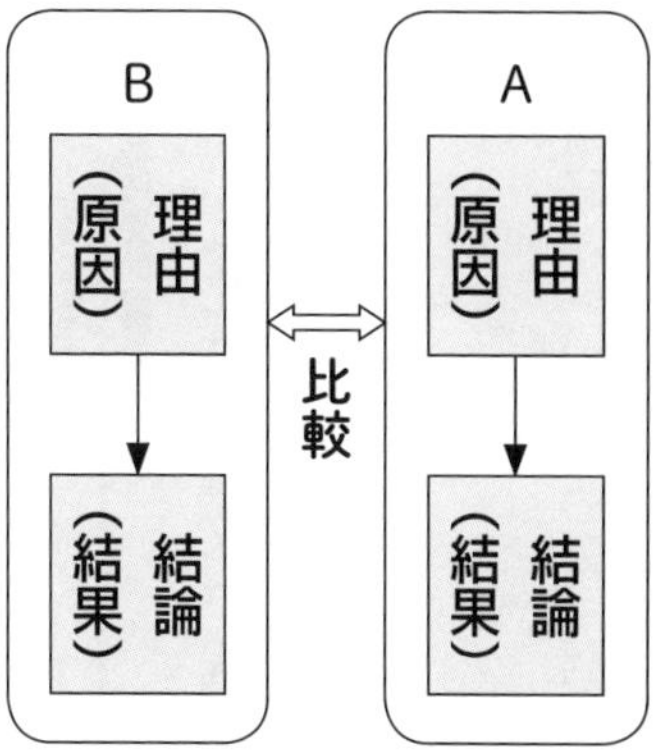

【文にした場合】
「Aは～なので（理由）…になる（結論）。一方、Bは～なので（理由）…になる（結論）。」

ポイント20
「良《よ》い・悪い」「共通《きょうつう》する・異《こと》なる」という形でも対比《たいひ》できる。

因果関係《いんがかんけい》の形のほかにも、次のような比較《ひかく》の形もあります。

・～の点で、AはBよりもすぐれている（おとっている）。
・AとBとは、～の点で共通している（異なっている）。
・Aは、～するにはよいが、～するには問題がある。

どのようなまとめ方であってももっとも強調したいポイントを最後《さいご》にするのは言うまでもありません。

す。客も、お祝《いわ》い事や大切なできごとの時などに、「ぜいたくな楽しみ」として訪《おとず》れることが多いようです。

① 二種類《しゅるい》の店の「値段のちがい」を説明《せつめい》するためにあげた「比較《ひ》のポイント」を三つ答えなさい。

② 「まわらないおすしの店」の値段《ねだん》がなぜ高くなるのか、「まわるおすしの店」と比較して百～百五十字で説明《せつめい》しなさい。

答え
① 食材　作る人　店の雰囲気
② 「まわるおすしの店」が、大量に安く仕入れた食材を、機械を使ってだれもがかんたんに作れるようにし、店の雰囲気を親しみやすくすることで値段をおさえようとするのに対し、「まわらないおすしの店」では、質の高い食材をすぐれた技術と豊富な経験をもった職人がにぎり、店を大人向けの高級な雰囲気にしているから。（147字）

♫「理由」→「結論《けつろん》」のブロックを意識《いしき》して、因果関係《いんがかんけい》を説明《せつめい》しよう。

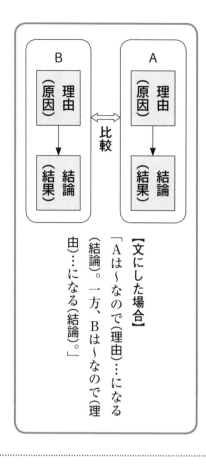

3 重文と複文《ふくぶん》を自在《じざい》に書けるようにして一文でまとめよう

ステップ1

限《かぎ》られた字数で、多くのことを単文《たんぶん》でまとめるのはむずかしい。

どのような記述《きじゅつ》問題であれ、点数のつけ方はおそらく、書くべきこと、つまり「要素《ようそ》」ごとに定められた部分点を合算したものが満点《まんてん》になるという方式ではないかと考えられます。だとすれば、できるだけ数多くの要素を取りこむ記述が有利《ゆうり》になるわけです。しかし、その場合、一文の中に主語と述語《じゅつご》がひとつずつしかない単文で記述を書いていたのでは、字数がかさんでしまい、なかなか要素を多く書ききれません。

ステップ2

比較《ひかく》や変化《へんか》は「重文」、理由と結論《けつろん》のわかりやすい説明《せつめい》は「複文《ふくぶん》」で書くのが効果的《こうかてき》。

その点、重文や複文は一文の中に多くの要素《ようそ》を取りこむことができます。重文は、いくつもの主語と述語の組み合わせを一文の中でならべることができるので、比較や変化を表すのに適《てき》しています。また、

やってみよう 1

次の四つの単文を、①と②、①と③、②と③、②と④、③と④という組み合わせで、ひとつの文に書き直してみよう。

① アキコはいじめを受けている。
② ハルコはアキコをかばわない。
③ ナツコはアキコをかばう。
④ ナツコはハルコを非難《ひなん》する。

答え

①と②＝アキコはいじめを受けているが、ハルコはアキコをかばわない。
①と③＝アキコがいじめを受けているので、ナツコはアキコをかばう。
②と③＝ハルコはアキコをかばわないが、ナツコはアキコをかばう。
②と④＝ハルコがアキコをかばわないので、ナツコはハルコを非難する。
③と④＝ナツコはアキコをかばい、そして、ナツコはハルコを非難する。

♫ 単文をつなげるときには、前後の文がどんな関係《かんけい》になるかに注意して、つなぐことばを選《えら》ぼう。

複文は、ひとつの文の主語や述語それぞれに、さらに主語と述語を用いた修飾《しゅうしょく》部分を取りこむことができるので、理由を段階的《だんかいてき》に示《しめ》したり、因果《いんが》関係を複合的《ふくごうてき》にまとめたりするのに適しています。

〔重文〕＝比較・変化
〔例〕春にはイネが植えられ、秋には大豆《だいず》が植えられます。
〔複文〕＝因果関係
〔例〕本が好きな兄が熱心《ねっしん》にすすめるので、私も読んでみようと思った。

↓ やってみよう 1

ポイント21
複雑《ふくざつ》な文を書くときほど、文全体の「主語→述語《じゅつご》」をはっきりさせる。

ただ、特《とく》に複文《ふくぶん》の場合、ひとつの文全体の主語と述語がわかりにくくなっていくおそれがあります。そのため複文を使ってまとめるときには、まず大きな「主語・述語」の組み合わせをしっかりと決めておく必要《ひつよう》があります。それさえできていれば、主語や述語の部分をくわしく説明《せつめい》していくことが自在《じざい》にできるようになります。

↓ やってみよう 2

やってみよう 2

やってみよう 1 の四つの単文《たんぶん》を複文《ふくぶん》の形に直し、「④ナツコはハルコを非難する。」を全体の主語・述語《じゅつご》にした一文にまとめてみよう。

答え いじめを受けているアキコをかばうナツコは、アキコをかばわないハルコを非難する。

♫ 全体の主語を確認《かくにん》したら、単文の主語の「アキコ」「ハルコ」「ナツコ」を修飾《しゅうしょく》する形でまとめよう。

4 効果的《こうかてき》な「まとめことば」を使ってトドメをさそう

ステップ1

まとめの部分で、「人物の性格《せいかく》」や「ものごとのようす」を強調すると、文全体が明確《めいかく》になる。

ここでは「文の終わり方」についてアドバイスしましょう。「トドメをさす」とは、「決定的に強調して終わる」という意味だと理解《りかい》してください。具体的《ぐたいてき》には、すでに学んだ「抽象的《ちゅうしょうてき》なまとめ」の応用《おうよう》編《へん》です。「ものごとのようす」を説明《せつめい》する記述《きじゅつ》問題はたくさんあるので、このテクニックを身につければ、さらなる得点《とくてん》アップが期待できます。

ステップ2

「具体と抽象《ちゅうしょう》」両方から説明《せつめい》するのがもっともわかりやすい。

たとえば、人物の性格《せいかく》＝人がらを説明するとき、「どんなに苦しい時でもあきらめない」という表現《ひょうげん》に、「ねばり強い」というまとめことばを加《くわ》えると、内容《ないよう》がさらに強調できます。具体だけでなく、あるいは抽象だけでなく、両方から説明することによって大切なことをいっそう強調することができるのです。

やってみよう 1

次の文章を読んで、「兄」の人がらを表すことばとしてふさわしいものを、あとのア～エからひとつ選《えら》ぼう。

兄はぼくに対してとてもきびしい。でも、それはいつどんな時でもきびしいというわけではない。家でろくに勉強もせず、マンガを読んでばかりいるぼくに説教《せっきょう》するなんてことは一度もない。ただ、友だちとの約束《やくそく》をすっぽかしたり、みんなで力を合わせて何かをする時に手ぬきをしたり、ぼくのわがままで、他のみんなにめいわくをかけたりした時には、本当にきびしくしかられる。

ア きびしい　イ 他人にめいわくをかけるのがきらい

ウ 使命感がある　エ 責任感《せきにんかん》が強い

答え エ

やってみよう 2

次の文章を読んで、「大介」の人がらを表すことばを答えよう。

大介《だいすけ》は一見らんぼうそうに見えるが、けっこういいやつなんだ。

ぼくがはじめてあいつを意識《いしき》したのは三年生の時だった。

ある日、教室の後ろの方から、だれかがしくしく泣《な》いている声

具体的な説明
抽象的な説明
↓
大切なことを強調できる。

やってみよう 1

ポイント22 文の最後《さいご》に抽象的《ちゅうしょうてき》な「まとめことば」を加えることで、結論《けつろん》がさらに強調できる。

もし、自分が書いた記述《きじゅつ》が具体的《ぐたいてき》なことの説明で終わっていたら、もうひとつねばって抽象的なことばでしめくくることができないか、考えてみてください。テストの時だけでなく、日ごろの練習から、自分の説明をしめくくるのに適《てき》したことばはないだろうか、そう考える習慣《しゅうかん》をつけ、努力《どりょく》を積《つ》み重ねていくことで、みなさんの「頭の中のことばの貯蔵庫《ちょぞうこ》」は無限《むげん》に広がっていくでしょう。

やってみよう 2

が聞こえてきた。気になってふりむいてみると、そのころ転校してきたばかりだった誠《まこと》が机《つくえ》につっぷして泣いていた。
もっとよく見ると、誠の座《すわ》っている場所の足元に水たまりができていた。教室全体がざわついてきて、先生も「どうした、なんだなんだ」なんて言いだしたその時、近くの席《せき》だった大介がサッと立ち上がり、教室から出て行った。みんなが大介の奇妙《きみょう》な行動を不思議《ふしぎ》がりながら、おもらししてしまった誠を遠巻《とおま》きに見ていると、突然《とつぜん》、バケツを手にしてもどってきた大介が、わざとらしく足をすべらせて床《ゆか》にひっくり返ったんだ。
その瞬間《しゅんかん》、バケツの水はそこらじゅうにぶちまけられ、大介はびしょぬれ、近くにいた連中《れんちゅう》の服もはねた水でずいぶんぬれていた。大介は「いや〜、悪い悪い。朝顔の水やりを忘《わす》れてたのを急に思い出して水くんで来たんだけど、あわててすべっちゃたよお〜」なんて言いわけしている。もう、みんなビックリだった。
それから先生があたふたと二人を着替《きが》えさせるために連《つ》れ出すと、教室は大騒《おおさわ》ぎだった。「大介バレバレだよ。でも、こんなふうにクラスメイトをかばうなんてスゲエやつだな。」その時からぼくは大介のことを尊敬《そんけい》しているんだ。

答え 思いやりがある（やさしい、友だち思い）

「その時からぼくは、そんな思いやりのある大介のことを尊敬《そんけい》しているんだ。」のように、強調してまとめることができます。

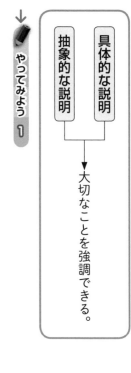

5 「ビフォー」と「アフター」で記述《きじゅつ》力を上達《じょうたつ》させよう

ステップ1

「失敗《しっぱい》から学ぶ」ことが記述《きじゅつ》が上達《じょうたつ》する早道。

記述名人をめざすみなさんへの最後《さいご》のアドバイスは「復習《ふくしゅう》の仕方」です。勉強方法《ほうほう》は人によって異《こと》なって当然《とうぜん》ですが、それでも効率《こうりつ》の良《よ》いやり方を知っておくことは大切でしょう。そこで、復習に際《さい》してみなさんに心がけてほしいのは、「ビフォー」「アフター」の精神《せいしん》で失敗から学びつづける、ということです。

ステップ2

自分が書いた記述《きじゅつ》は消さずにとっておくこと。

よく、うまく書けなかった記述を全部消して、また最初《さいしょ》から書き始める人がいますが、本当にもったいないことだと思います。小学生のみなさんにとって、勉強、特《とく》に受験《じゅけん》勉強は○か×かの世界と受け止められがちです。しかし、国語、中でも記述問題はそう単純《たんじゅん》なものではありません。人がことばを身につけていく道のりは、失敗と成功《せいこう》のくり返しです。ことばの学習では、失敗はすべて「役に立つ失敗」なのです。ですから、自分で失敗したと思う記述も消さずにとっておきましょう。

やってみよう 1

次の文章を読んで、あとの問いに答えよう。

その晩《ばん》、迷惑《めいわく》な訪問者《ほうもんしゃ》が現《あらわ》れた。

「ごめんください」のひと言もなく、玄関《げんかん》の引き戸は開けられた。キキキキッ。

その音に家族全員が驚《おどろ》きながら玄関へと視線《しせん》を送る。そこには、晶子《しょうこ》と晶子の母親が、すでに入り込《こ》んでいた。

両親が立ち上がり、すぐに対応《たいおう》する。

「あ、村上さんの奥《おく》さん。何か？」

「何かじゃないわよっ。うちの子、おたくの美代《みよ》ちゃんにケガさせられたのっ」

その怒鳴《どな》り声にもびっくりしたが、私がケガをさせたという身に覚《おぼ》えのないことに身体が硬直《こうちょく》した。両親は振《ふ》り返り、私を見た。

「今日、運動会の練習で、うちの子にわざと足を掛《か》けて転ばせたっていうじゃないのっ。一体、どんな教育してるの、おたくはっ」

晶子を見ると、その膝《ひざ》には大袈裟《おおげさ》な包帯《ほうたい》が幾重《いくえ》にも巻《ま》かれていた。

「晶子の友達《ともだち》だと思ってたから、何かにつけ一緒《いっしょ》に遊ばせてあげたのに、まぁこんなことされたんじゃたまんないわっ」

「美代子……」父が私を見つめた。

ポイント23

「ビフォー記述《きじゅつ》」と「アフター記述」をならべて、どこがちがうかを確認《かくにん》することが上達《じょうたつ》につながる。

できればノートの同じページに、最初に書いた記述と、アドバイスを受けたあとに書いた記述がならぶように書いてください。そうすると自分が書いた二つの記述を一目で見比《みくら》べることができます。まずは、自分がいかに進歩したのかを確認しましょう。そして次に、細かい部分を見比べて、どこをどう直した結果《けっか》、良い記述になったのか確認してください。このとき感じたポイントをノートに書いておくといいでしょう。この作業をすることで、「次に解《と》く別《べつ》の問題」への準備《じゅんび》ができるのです。一度解いた問題の見直しは、次の問題を解く自分自身がパワーアップするための大切な「栄養《えいよう》」なのです。

やってみよう 1

私はただ黙《だま》って身を縮《ちぢ》めた。「違《ちが》う」と反論《はんろん》すれば火に油を注ぐようなものだと感じたからだ。

「原田さんの紹介《しょうかい》だったから、他の借《か》り手を断《ことわ》ってまで貸《か》してあげたのに、ホント、恩《おん》を仇《あだ》で返すってこういうことよ。今度こんなことしたら出てってもらわなくちゃねっ」

晶子の母親は踵《きびす》を返しながら、捨《す》て台詞《ぜりふ》のように吐《は》いた。

キキキキッ、ピシャ。

引き戸が閉《し》まった後、しばらくの間、静寂《せいじゃく》に包《つつ》まれた。家族みんな、あ然《ぜん》として声が出なかったのだろう。

〈森浩美《もりひろみ》「晴天の万国旗《ばんこくき》」（『こちらの事情《じじょう》』所収）〉

① ——線「反論すれば火に油を注ぐようなもの」とは、何がどうなることを言っているのか、三十字以内《いない》で答えなさい、という問題に次のように解答《かいとう》したところ、先生から赤い字のアドバイスをもらった。そのアドバイスをもとに、正しい答えに直しなさい。

答えには必要ありません。

（反論すれば、）もっと大さわぎになってしまうから。

「何が」「どうなる」をもっと具体的に。

理由を答えるのではありません。

答え ① 美代子に対する晶子の母のいかりがさらに激しくなること。

「何が」＝「晶子の母のいかり」、「どうなる」＝「さらに激しくなる」が読みとれたかな。

次の文章を読んで、下の1～2に答えなさい。

「お前ら、もうお遊びの時間は終わりだろ」

中学生は、僕達《ぼくたち》のサッカーボールを出入り口に向けて大きく蹴《け》った。

僕は転がっていったボールを目で追った。視野《しや》の隅《すみ》に後輩《こうはい》達の姿《すがた》が見える。皆《みな》、立ちすくんだまま、僕を見つめているのが分かった。心臓《しんぞう》が高く打つのを感じた。僕は、勇気《ゆうき》を奮《ふる》い起こして「後から来たんじゃないか」と言わねばならなかった。少なくとも、「半分ずつ使おう」ぐらいは言わねばならなかった。

中学生が三角の目でにらんでいた。僕は、声を出せなかった。黙《だま》っていると、中学生が後輩達にさけんだ。

「お前ら、もう終わりだってさ」

僕は言葉《ことば》を返せず、くるりと中学生に背《せ》を向けてしまった。後輩達が、僕のことをさびしそうに見ていた。僕は、後輩達に歩みよると、「もう、終えようか」とつぶやいてしまった。

その晩《ばん》、食の進まない僕に、祖母《そぼ》が声をかけた。仕事で帰りの遅《おそ》い両親の代わりに、いつも祖母が夕食の相手だった。

「何かあったんかい」

ぽつりと尋《たず》ねられて、僕は昼にあったことを話した。話し終えると、祖母は僕に尋ねた。

ガイド 【　】をうめながら、読み進めよう。

はじめは、後輩たちは、自分勝手な中学生に「僕」が【　　】くれるだろうと期待していたのです。

← 気持ちの変化《へんか》

しかし、中学生に言い返すこともできず、言いなりになってしまったおくびょうな「僕」を見て【　　】する気持ちになったのです。

答え➡別冊24ページ

「傷つける力」について、ここでは、「だれ」が「何」に傷つく(ことができる)ことを指しているのでしょうか。

【　　】が【　　】に傷つくこと。

1 ――線①「そういうことに傷つける力があるのは立派なんだよ」とあるが、「傷つける力」とはどういうことか。「そういうこと」の意味を明らかにして説明《せつめい》しなさい。

【　　　　　　】

「一輝《かずき》が、私に話したのは、どうしてだい？」

質問《しつもん》の意味が分からなくて、僕《ぼく》は黙《だま》っていた。祖母《そぼ》が穏《おだ》やかな瞳《ひとみ》で、僕のことを真《ま》っ直《す》ぐに見つめた。

「その子が悪い奴《やつ》だから、私に愚痴《ぐち》を言ったのかい？　それとも、自分が弱い子だから、私に相談したのかい？」

僕は返答に詰《つ》まった。半々のような気がした。そう答えると、祖母は、

「一輝はえらいね」

と思いがけない言葉《ことば》を言った。

「一輝は自分の弱いところに気がつけたから、えらい」祖母は目じりに皺《しわ》を刻《きざ》んで続《つづ》けた。「①そういうことに傷《きず》つける力があるのは立派《りっぱ》なんだよ。普通《ふつう》はあきらめちゃうんだ」

「傷つける力」というのがよく分からなかったが、祖母の言葉は、とても力強く僕の背《せ》を押《お》してくれたような気がした。

「今日、一輝が使い損《そこ》ねた勇気は、貯金《ちょきん》しとき」

「貯金？」

「『勇気の貯金』だよ」

祖母は目じりの皺をもっとたくさん刻んで、優《やさ》しく笑った。

「今日、使い損ねた勇気は、貯金しておくといいよ。これからも同じだよ。使い損ねた勇気は、いつも貯金しておき。いつか、もっともっと大切な場面で、きちんと一輝が使えるように、忘《わす》れずに貯金しておくんだよ」

祖母の言葉を聞いて、②いつの間にか、僕はポロポロと涙《なみだ》を流していた。

〈榊邦彦《さかきくにひこ》『約束《やくそく》』〉

「背を押してくれた」をわかりやすく言いかえると、

［　　　　］ということになります。

「いつか、もっともっと大切な場面で、きちんと一輝が使えるように忘れずに貯金しておくんだよ」という祖母のことば。

＝

一輝には［　　　　］を発揮《はっき》するのにふさわしい、もっともっと［　　　　］があるということ。

←

この日のできごとは［　　　　］ことでなく、［　　　　］必要《ひつよう》はないとなぐさめてくれているのです。

2　――線②「いつの間にか、僕はポロポロと涙を流していた」とあるが、なぜ僕は涙を流したのだと考えられるか。理由を説明《せつめい》しなさい。

（出題例　東京・開成中）

［　　　　　　　　　　］

次の文章を読んで、下の1～2に答えなさい。

私が子供《こども》のころは、しょっちゅう＊灯火管制《とうかかんせい》がしかれ、東京の夜は真っ暗でした。いつ空襲警報《くうしゅうけいほう》が鳴るかとハラハラしながら物干《ものほ》し台にあがり、吸《す》い込《こ》まれそうな星空を見あげるたび、いったいだれがこれをつくっただろうと不思議《ふしぎ》でならなかった。何か人間を超越《ちょうえつ》した力があるのではないかなどと、漠然《ばくぜん》と考えたものです。

医学部に入って人体解剖《かいぼう》の実習をしたときもそうでした。六十兆《ちょう》もの細胞《さいぼう》から構成《こうせい》されている人体の複雑《ふくざつ》かつ精巧《せいこう》なメカニズムに圧倒《あっとう》され、どういう発明家がこれほど美しい生命を生み出したのかと思いを巡《めぐ》らさずにはいられなかった。その思いがやがてキリスト教と結《むす》びつき、五十八歳《さい》のときカトリックの＊洗礼《せんれい》を受けるにいたります。

自然のなかに身を置《お》いたとき、あるいはまた生命の神秘《しんぴ》に触《ふ》れたとき、私同様、人間を超《こ》えた大いなる力のようなものを感じる人は多いでしょう。キリスト者である私にとって、それは神ですが、自然の摂理《せつり》と呼《よ》ぶ人もいる。なんと呼ぼうが、人間には決してつくることのできない美を生み出した何ものかを前に、誰しも謙虚《けんきょ》な気持ちになるはずです。

いや、神も自然の摂理も存在《そんざい》しない。すべては偶然《ぐうぜん》のなせるわざだと言う人もいるでしょう。しかし、ちょっと考えてみてください。

ガイド　［　］をうめながら、読み進めよう。

答え➡別冊26ページ

「医学部に入って人体解剖をしたときもそうでした」とは、どういうことを指しているでしょうか。空所にあてはまるように、ここより後の文中から十五字ちょうどでさがしてみましょう。

［　　　　　　　　　　　　　　　］ものを感じたということ。

「すべては偶然のなせるわざだと言う人」と、同じような人としてあげられている別の人を指す七字のことばをぬき出しましょう。

［　　　　　　　］

最新《さいしん》の宇宙論《うちゅうろん》によれば、百三十七億《おく》年前、無《む》から宇宙が誕生《たんじょう》した十の三十四乗分の一秒後に*ビックバンが起こり、チリやガスが固《かた》まりぶつかり合って星々になり、四十六億年ほど前に太陽や地球が生まれた、ということになっています。地球に海が形成され原始生命が誕生したのは、三十八億年前。それからずうっとくだって二億五千万年前に哺乳類《ほにゅうるい》が、千七百万年前に大型《おおがた》のサルが出現《しゅつげん》し、約《やく》七百万年前に直立二足歩行をはじめた……。

永遠とも思える時の流れのなかで数限《かずかぎ》りない偶然が積《つ》み重なった果《は》てに、私たちの命がある。そのことに思いを馳《は》せれば、どんな*科学万能主《ばんのうしゅ》義《ぎ》者も、自分が今ここで生きているという奇跡《きせき》に対し感謝《かんしゃ》の念《ねん》を抱《いだ》かずにおれないでしょう。いや、生きているというより、むしろ生かされているのだという謙虚《けんきょ》な気持ちになるはずです。

自然は、傲慢《ごうまん》になりすぎた人間を謙虚にし、思索的《しさくてき》にしてくれる。自分たちもまた全体の一部であることを思い出させ、感謝の気持ちを呼び覚《さ》ましてくれる。①自分と自分のまわりにいる者の幸せを願《ねが》い追求《ついきゅう》し続《つづ》けた結果《けっか》、とてつもない不幸《ふこう》を招《まね》き寄《よ》せようとしている私たちにとって、それは今や非常《ひじょう》に大切なことだと思います。

〈加賀乙彦《かがおとひこ》『不幸《ふこう》な国の幸福論《こうふくろん》』〉

*灯火管制　夜間、敵《てき》の来襲《らいしゅう》に備《そな》え、消灯をすること。
*洗礼　キリスト教で、信者《しんじゃ》になる儀式《ぎしき》。
*ビッグバン　宇宙のはじめに起こったと考えられる大爆発《だいばくはつ》。
*科学万能主義　科学によってすべてが解決《かいけつ》できるという考え。

「数限りない偶然が積み重なった果てに、私たちの命がある」を、書きかえると、「私たちは［　　］確率の方がはるかに高い」となります。

1 ――線①「自分と自分のまわりにいる者の幸せ」とあるが、どのようなことを指しているのか。一例をあげなさい。

［　　　　］

［　　］とふれあうことで、自分たち人間が［　　］になるということを指しています。

2 筆者の考えをまとめなさい。

［　　　　］

（出題例　神奈川・横浜雙葉中）

入試問題にチャレンジ

次の文章を読んで、下の問いに答えなさい。

「麗音《れおん》」は、「光《ひかる》」の祖母《そぼ》である「おばちゃん」の営む文房具店《ぶんぼうぐてん》で万引きをしたと、一時濡《ぬ》れ衣《ぎぬ》を着せられる。「麗音」と親友の「良平《りょうへい》」が「おばちゃん」にさそわれ、文房具店でお茶を飲んでいるところに、担任《たんにん》の「中川先生」が訪《たず》ねてきて、万引きした真犯人《しんはんにん》に心当たりはないか、「おばちゃん」に尋《たず》ねる。

「先生、わたしが、あの子じゃないかしらって、だれかの名前をいったらどうします？　また、同じまちがいを犯《おか》すことになりませんか。」

中川《なかがわ》先生は、ハッとしたような顔をした。

「わたしに確《たし》かにわかっているのはね、先生」

おばちゃんのまるまった背中《せなか》が、中川先生に向かって、しゃんとのびた。

「有沢《ありさわ》麗音という子が、万引きをしたり、うそをついたりするような子ではないということです。心のかがやきをもった子だということです。」

おばちゃんはそういいきると、麗音を見てほほえんだ。麗音は、おばちゃんのしわだらけの顔をみつめる。うれしさが、こみあげてきた。

「わたし、だてに年をとっていませんよ。不自由《ふじゆう》な目でも、人のもつ心のかがやきは、見分けがつきます。有沢くんの心は、いつだって、しっ

答え⬇別冊47ページ

かりとかがやいていましたよ。」

①中川先生は、気の毒《どく》なくらいに、体をかがめて小さくなった。

「光から学校でのさわぎを聞いてね、先生。有沢《ありさわ》くん、すごく傷《きず》ついたろうな。申し訳《わけ》ないことをしたなって、気になって仕方がなかったですよ。なんで、そんな心ないことを学校の先生方はするのかなって、いくら考えても、わたしにはわからなかったです。」

おばちゃんは、お湯のみに手をかけて、ふーっと息をはいた。

「世間ではね、ふつう、ひとさまの大切なお子さんを、犯人扱《はんにんあつか》いするなんて、できることじゃないですよ、先生。」

麗音《れおん》は、おばちゃんのあわい光をおびたひとみを、くいいるようにみつめた。

「手紙をくれた子は、あれでも、せいいっぱいあやまってくれてるじゃありませんか。大人の心の幅《はば》の足りなさが、もうひとつ、大きな罪《つみ》を犯《おか》させてしまったんですよ。」

中川先生は、顔をまっかにしている。

「しかし、ほかにどんな方法《ほうほう》があったのでしょうか。万引きをした子を、そのままというわけにはいかないでしょう。」

小さな声で、中川先生はいった。おばちゃんはふっと笑《わら》う。

「中川先生は、悪いことをして叱《しか》られたこと、ないですか？」

おばちゃんに問われて、素直《すなお》な中川先生は、首をひねってしんけんに考える。

「とっても、おりこうさんだったみたいね。」

問1 ——線①「中川先生は、気の毒なくらいに、体をかがめて小さくなった」とあるが、どうして中川先生は体をかがめて小さくなったのか、説明《せつめい》しなさい。

「　　　　」

ヒント

問1 おばちゃんの発言に注目して、中川先生の気持ちを読み取るようにしよう。

おばちゃんは笑《わら》った。つられて、中川先生も頭をかきながら笑った。

「わたしは、七つの時だったわ。近所の駄菓子屋《だがしや》さんで、ほしくてほしくてたまらなかったおはじきを、いくつか盗《ぬす》んだことがあったんですよ。走って逃《に》げて、人のいない山道まできて……。」

おばちゃんは、遠くを見るように、目を細めた。

「右手にしっかりにぎったおはじきは、汗《あせ》でぬれていたわ。はあはあいいながら、わたし、おひさまに、おはじきをひとつ透《す》かしてみたの。きらきら光って、きれいだったわ。その時だった。」

良平《りょうへい》と麗音《れおん》は、ゴクリとつばをのみこんだ。

「こらあ、盗みはいかんぞうって、やつでの葉っぱで顔をかくした、駄菓子屋さんのおじいちゃんが、ぬーっとあらわれたの。わたし、おどろいて腰《こし》をぬかして、その場にへたりこんでしまったわ。」

おばちゃんは、まるで、ついさっきの出来事のように、腰を手でさすった。

「おじいちゃんは、いったの。『天知る、地知る、子《し》知る、我《われ》知る、ってことばがある。自分の行いは、だあれも知らんと思ったらいかんぞ。おてんとさまがちゃあんと見とる。おまえの立っているこの地面も、だますことはでけん。だれかが見とる。そいでな、自分の心がいちばんよう見とるぞ。自分をけがすことは、やってはいかんのだぞう。』」

おばちゃんは、うるんだ目に、そっと指をあてた。

「やつでの葉っぱで顔をかくして、『わしは天狗《てんぐ》じゃ。』っていうんだけど、わたし、おじいちゃんだとわかっていたわ。それでも、おじいちゃ

問2 ――線②「叱るということは、先生、そういうことなんじゃありませんかねえ」とあるが、「そういうこと」とはどのようなことか、説明《せつめい》しなさい。

「　　　　　」

んは、いっしょうけんめい天狗《てんぐ》のまねをしてるのよ。わかりました、もうしません、て、わたしがいうと、『いい子じゃ、わかったらええんじゃ。』って、そのまま行ってしまったの。」

　中川先生は、おばちゃんの話に、すっかりひきこまれている。

「②叱《しか》るということは、先生、そういうことなんじゃありませんかねえ。わたし、それから、『天知る、地知る、子《し》知る、我《われ》知る』ってことばが、心のおくから聞こえてきて、自分をけがすようなことは、いっさい、できなかったです。」

「おばちゃん、なんでさ、おじいちゃんは、天狗のまねをしたの？」

　良平《りょうへい》は、まじめな顔で聞いた。

「なんでだと思う？」

　おばちゃんは、おだやかな笑《え》みをうかべて、麗音《れおん》と光《ひかる》と良平を見た。

「おじいちゃんは、知らないふりをしたんだ。おばちゃんが、おじいちゃんと会った時、心を痛《いた》めなくてもいいように……。」

　③そういうと、麗音の目に、ふいに涙《なみだ》があふれた。おばちゃんは、優《やさ》しく何度もうなずく。中川先生は、かみなりに打たれたように、身動きひとつしなかった。

「叱られるおばあちゃんの気持ちを、すごく大切に考えてくれたんだね。あやまちに気がついて、もうしないようにって。」

　ほおづえをついて、光がしみじみといった。

〈青木和雄《あおきかずお》・吉富多美《よしとみたみ》『ハードル　真実と勇気の間《はざま》で』〉

問3　――線③「そういうと、麗音の目に、ふいに涙があふれた」とあるが、なぜ麗音の目に涙があふれたのか、説明《せつめい》しなさい。

「　　　　　　　　　　」

（東京・普連土学園中）

ヒント

問2　おばちゃんはどう叱《しか》られたのかを読み取ろう。

問3　おじいちゃんの心を知って、「麗音」が涙《なみだ》を流したことをふまえて考えよう。

1 「切り口」を見つけ、書き出しを工夫《くふう》しよう

ステップ1 「書けない」のは、「うまく読めていない」から。

「本は読んだ。でも、何も感じない。」これでは絶対《ぜったい》に読書感想文は書けません。原因《げんいん》はどこにあるのでしょうか？　感じることが何もないという「鈍感《どんかん》さ」でしょうか。あるいは、書くことを思いつけない「頭脳《ずのう》」にあるのでしょうか。もちろん、どちらも正しくありません。答えは「本の読み方に工夫《くふう》が足りなかった」ことです。ただ「読む」のではなく、「読んだ後で感想文を書くために読む」ことをしなかったために書けなかったのです。

ステップ2 「話の結末《けつまつ》」よりも大切なのは「変《か》わるきっかけ」。

楽しみとして読書するときには、やはり話の結末がもっとも気になるでしょう。しかし、読書感想文という課題《かだい》のための読書では、結末よりも、その結末にいたるまでの道のり、特《とく》に「変わるきっかけ」にもっとも注意してください。つまり、「結果」よりも「理由」が大

ステップ3 感想文は「読む人」のために書く。そう考えると「良《よ》い感想文」になる。

「宿題だから……」とイヤイヤ書いた感想文と、「読む人に伝《つた》わるように」と工夫《くふう》して書いた感想文にはどんなちがいがあるのでしょうか。そのひとつに、文章の書き出しが「本の内容《ないよう》」や「自分の考え」、から始まるか、あるいは「自分の経験《けいけん》（エピソード）」から始まるかのちがいがあります。最後《さいご》まで読み終えて、良い感想文だったと思える作品の多くは「エピソード」から始めています。

ステップ4 読む人は「自分の経験《けいけん》」を知らない。知らないことには興味《きょうみ》がわく。

これまでに学んできたように、相手にわかりやすい説明《せつめい》をするには「理由→結果《けっか》」の形で書くのが良《よ》いでしょう。ただ、読書感想文は長い字数でまとめることが求《もと》められますので、エピソードを効果《こうか》

切なのです。それを中心にして読書感想文を書くように心がけましょう。

【本の読み方】
ふつうの読書＝話の結末を楽しめばよい。
読書感想文のための読書＝変わるきっかけに注意して読む。

ポイント24

「マイナス(－)」が「プラス(＋)」になる「きっかけ」を中心にすると書きやすい。

物語文では「心の成長《せいちょう》」が、説明文《せつめい》では「事実の発見」や「考え方の進化や発展《はってん》」が話の中心になっています。そのどれもが、はじめからうまくいってはおらず、なやみや苦労《くろう》があるけれども、それを乗りこえてよい方向に進む、という大まかな型《かた》があります。したがって、みなさんも「乗りこえる」場面に特に注目し、感想文の中心になりそうな部分をさがしながら読むことで、本の大事なところに合ったものが書けるようになるのです。

的《てき》に用いる工夫《くふう》が必要《ひつよう》になります。そこで大切なのは、読む人(相手)が自然《しぜん》と引きこまれるような書き出しで始めるがのぞましい、ということです。相手が知らない自分のエピソードから書き始めることで興味を引くことが大切です。

【書く順番《じゅんばん》】
相手が知らない自分の経験(エピソード) → 本の内容 の順で書く。

ポイント25

課題《かだい》図書の「変化のきっかけ」に重なる「自分の経験《けいけん》」から書き出すとよい。

文章を相手に読ませるとき、「どんな話に進むのだろう」という期待をもたせると同時に、「ここまでの内容からすると、おそらくこの先はこんな展開《てんかい》になるだろう」と予想できるようにしてあげる工夫《くふう》が大切です。感想文の中心になるのは「変わるきっかけ」でした。相手がみなさん自身のエピソードを読み進める中で、「課題図書の大事なポイントにつながっていくのだろう」と期待と安心感をもてるような文章が良い感想文なのです。

ステップ1
ゴールは「自分の成長《せいちょう》」。

いよいよ感想文のまとめの部分です。書くべきことは「みなさん自身がどう変《か》わったか」です。読書感想文は本の内容《ないよう》を要約《ようやく》することだとかんちがいする人もいますが、それは正しくありません。課《か》題図書《だいとしょ》を読んだ人、つまり、**みなさん自身が主人公の文章を書けばよいのです**。本もろくに読まずに、うしろにある解説《かいせつ》やあらすじを書き写しただけの感想文では、とうてい読む人の心をとらえることはできません。

【読書感想文に書くべきこと】
自分がどう変わったのか ＝ 自分の成長

ステップ2
課題図書《かだいとしょ》と自分をつなぐのは「本から学んだこと」である。

まとめ方のコツは、本を読んで「〜のように変わった」「〜なこと

ポイント26
読む前に感想文を書く手順《てじゅん》を確認《かくにん》しておくとよい。

【読んで考える順番《じゅんばん》】		【書く順番】
1 本の内容＝具体	←	3
2 「変化《へんか》のきっかけ」＝具体	←	4
3 大切なこと＝抽象《ちゅうしょう》	←	2
4 「自分の経験《けいけん》」＝具体	←	1
5 学んだこと＝抽象		5

最後《さいご》に、わかりやすい読書感想文が簡単《かんたん》に書けるようになるためのフローチャートを示《しめ》しておきましょう。あとはここに自分が必要《ひつよう》だと思ったことをあてはめていくだけです。読書感想文は、みなさんが質《しつ》の高い読書をし、どんな種類《しゅるい》の文章も理解《りかい》できるための「読む技術《ぎじゅつ》（読解力）」と、自分の意見

に気づいた」「〜に対する見方が変わった」という形になるように、「自分が何を学んだか」、そして「これからどのようになろうと考えているか」をはっきりするように書くことです。

【まとめ方】

「〜のように変わった」
「〜なことに気づいた」
「〜に対する見方が変わった」
＝ **自分が何を学んだか**

←

「これからどのようになろうと考えているか」
＝ **自分の成長**

課題図書が「成長」を中心にした内容《ないよう》であるのと同じように、それを読んだ自分もまた成長していく、その道のりをできるだけていねいに書けばよいのです。

を伝《つた》えるための「書く技術（記述力）」を養《やしな》うのにふさわしい、すばらしい練習材料《ざいりょう》です。みなさんがすぐれた本に出会い、自分自身を成長させ、希望《きぼう》に満《み》ちた毎日を過《す》ごせることを願《ねが》っています。

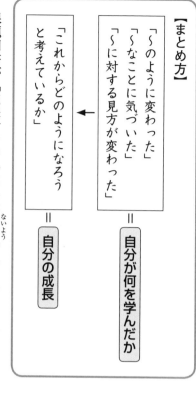

ガイド付き

練習問題 1

次の文章を読んで、下の1〜3に答えなさい。

〔「私《わたし》」は、中岡信一《なかおかしんいち》という人物を「信サン」と呼《よ》んで、彼《かれ》との少年時代を思い出している。「信サン」は、ある事情《じじょう》から義父母《ぎふぼ》（養父母《ようふぼ》）に育てられていた。ある日、「私」は本屋に向かう途中《とちゅう》で見知らぬ三人の少年に取り囲《かこ》まれ、土手下に連《つ》れていかれる。そこには「信サン」がいた。〕

信サンは、そこで一人、ザリガニをとっているところのようだった。

いつも着ている黒い古びた学生服の、その腕《うで》とすそをたくし上げて川の浅瀬《あさせ》にひざのあたりまで入っていた。学校の備品《びひん》の金《かな》バケツが近くに置《お》いてあり、中で数匹《すうひき》の赤い大きなザリガニがゴソゴソと動き回っていた。泣《な》き声を上げる寸前《すんぜん》であった私《わたし》は、しかしそうすることも一瞬《いっしゅん》忘《わす》れて、眼前《がんぜん》の、川中に立つ信サンをぼんやりと、ただ見つめた——。

（中略）

三人は一瞬とまどった様子《ようす》だった。

ひと気のない場所に連れ込《こ》んだつもりが、そこに何者かがいたので勝手が違《ちが》ったのだろう、どこかひるんだ様子があった。だが、それが自分らと同じくらいの子供《こども》であることが分かると、落ち着きを取り戻《もど》し、その表情《ひょうじょう》に、またスレたふてぶてしさをみせた。

ガイド 〔　〕をうめながら、読み進めよう。

三人がこんな場所に「私」を連れ込んだのは、〔　　　〕とたくらんだからです。

答え↓別冊28ページ

「お前、なんしよっとか、こげなところでっ」

一人が敵意《てきい》をたっぷりとふくんだ声で、信サンにそう言った。信サンは黙《だま》っていた。

「オイッ、なんしよるとかち、聞きよろおがっ」そいつは荒《あら》げた声で、そうつづけた。

「おれがここでなんしよったちゃ、おまえに関係《かんけい》なかろおが」信サンはそいつにそう応《こた》えた。そして、

「おまえたちゃ、どこの者《もん》か」

そう言って三人をにらみつけた。

その目には、子供《こども》なりのすごみのようなものが確《たし》かにあった。

三人は黙った。

これはただものではない、とでもいったような何かを、そこに感じとったようでもあった。

「……おい、よかけん、その二百円だけ盗《と》って早《は》よ帰ろうや」別の一人が少しあせるような調子でそう言い、他《ほか》の二人が、おう、とかなんとか言いながら、倒《たお》れている私につかみかかってポケットの百円札《さつ》を盗ろうとした――

信サンがその二人に飛びかかった瞬間《しゅんかん》を私は記憶《きおく》していない。信サンの動きは、それほどすばやかった。いつ川から出たのやらも分からぬまま、あっという間に二人を弾《はじ》きとばし、立ちつくしているもう一人の顔を手に持った大きな石で音が響《ひび》くほどになぐりつけた。バッ、となぐられた少年の口もとから血が噴《ふ》き出したとき、あっさりと勝負はついた。


「信サン」がどんな人物かイメージして、次の場面の展開《てんかい》を予想しながら読みましょう。

三人は腰《こし》をぬかすようにして、仁王《におう》立ちの信サンをみた。それから、口をおさえて泣き出してしまった一人を他《ほか》の二人で抱《かか》えるようにしながら、もつれるように川べりをかけ上っていった。「おぼえちょけよっ」という捨《す》てゼリフと一緒《いっしょ》に、あわただしく走り去って行く自転車の音が、橋の下の私《わたし》の耳に聞こえた。

私は、荒《あら》い息をはきながら、そこに倒《たお》れたまま動けずにいた。なぐられた少年の口から噴《ふ》き出した血のおぞましさが、まだ私に衝撃《しょうげき》をあたえつづけていた。信サンはだまってそこに立ち、倒れているままの私を見ていたが、やがてはきすてるように、「よその者にやられんなっ」そう一つどなって、右手に握《にぎ》りしめていた大ぶりの石を、足元に投げ捨てた。

そのとき私は――何を思ったか――倒れたまま、ポケットから二枚《まい》の百円札を取り出すと、それを信サンに向けて差《さ》し出していた。信サンは、その私の右手を*けげんそうにじっと見つめた。

そのときの私には、不思議《ふしぎ》と、もう信サンに対しての恐怖心《きょうふしん》はなかった。かわりに、まだ輪郭《りんかく》のはっきりしない、なにか尊敬《そんけい》に似《に》た気持ちさえ、そこにかすかにうまれていたように思う。

「やる」

右手をさらに差し出すようにして、私は信サンに言った。信サンは、その二枚の百円札を少しの間見ていたが、「いらんっ」と何か腹立《はらだ》たしそうな声で言い捨てて、川辺《かわべ》のザリガニの入ったバケツへ歩み寄《よ》ろうとした。――その、信サンが一、二歩私から遠去かろうとしたとき、橋の

「ポケットから二枚の百円札を取り出すと、それを信サンに向けて差し出していた」という行動を「私」がとったのは、あぶないところを助けてくれた信サンに［　　　　］をしなくてはいけないと思ったからです。

「腹立たしそうな声」とありますが、このとき信サンはどんなことが言いたかったと思いますか。気持ちがわかるように「話しことば」で考えて答えましょう。

［　　　　］

上で自転車の止まる音がして、だれかが急ぎ足で川原に下りてくる足音が聞こえた。

（中略）

「……守《まもる》」と目を見開いたまま、母は小さくつぶやいて、倒《たお》れている私《わたし》を見た。それから、ゆっくりと、私の前に立つ信サンを見た。

それはどうにも、信サンには分《ぶ》の悪い光景《こうけい》ではあった。

倒れたままの私の服はどろだらけで、半ズボンからのぞいたひざこぞうはすりむいてうっすらと血が出ている。おまけに右手に持った二枚の百円札を目の前の信サンに向かって差《さ》し出したままでいた。その信サンがまた、私の前で、いかにも今ひと暴《あば》れし終えたところのように、ほどよく汚《よご》れており、何よりも、そこにいるのは母も幾度《いくど》か目にしたことのある＊フダツキの少年なのだった。

見つめる母と、見つめられる私たちの間に、すこしの時間がながれた。

（何か言わなければ）と、私が、信サンのために口を開こうとしたとき、橋の上で、また、自転車が止まる音がした。

「どげんか、したとですなあっ!?」という大きな声が、どすり、どすり、という重い足音と一緒《いっしょ》に土手を下りて来るのがわかった。

やがて、そこに、腰《こし》をかがめ、橋の下をのぞきこむようなかっこうで制服《せいふく》の巡査《じゅんさ》が姿《すがた》を見せたとき、信サンは、一瞬《いっしゅん》、身をひるがえして逃《に》げようとした。

「待たんかっ!!」そう一つどなりつけ、信サンの足を止めると、それから巡査は、ゆっくりと母を見、私を見た。そしてそこでいま何が起きて

「分の悪い光景」とは、信サンが「私」に〔　　　〕をはたらいて、〔　　　〕としているようすに見えてしまうことを言っています。

「何か言わなければ、と私は信サンのために口を開こうとした」とは、「私」が、信サンはぼくが〔　　　〕ところを〔　　　〕くれたのだ、と伝《つた》えようとしたということです。

いたのかを、一瞬《いっしゅん》の内に了解《りょうかい》したようだった。

「信っ!!　おのれは、またっ!!」そう声を荒《あら》げて信サンに走り寄《よ》ろうとした巡査《じゅんさ》を、しかし一瞬はやく、母はおしとどめていた。

「……なんか、違《ちが》うごとあるですよ」

母はそう言って巡査をみた。それから、ゆっくりと信サンに顔を向けると、「ね……たすけてくれたとやろ?」

わずかに目をうるませながら、母はそう言って、信サンにほほえみかけた。


信サンの、私《わたし》の母への尊敬《そんけい》と*思慕《しぼ》は、この瞬間《しゅんかん》に生まれた。そしてそれは、その一生を通じて、信サンのなかに変わることなくありつづけるものとなった。

「……中岡《なかおか》くん……やった?」

巡査が帰ったあと、母は*風聞《ふうぶん》のなかでいつかおぼえた少年の名字《みょうじ》を、そう口にしてみた。信サンは意外なほど素直《すなお》な調子で、コクリと一つうなずいてみせた。

「……下の名前はなんて言うの?」

「――信一《しんいち》」

そう答えた少年に、「なら、信サンやね」母はそう言って一つ笑《わら》った。

それから「信サンはけがせんかった?」私のひざこぞうに自分のつばをぬりながら、母はそう言って信サンをみた。

「しちょらんっ」


「信!!　おのれは、また!!」という巡査のことばからは、信サンが〔　　　〕をくりかえしていることがわかります。

「巡査」とは対照的《たいしょうてき》に、「私」の「母」は「信サン」の本当の姿《すがた》を見ぬきます。

「なら、信サンやね」とあだなをつけたことには母の信サンに対する〔　　　〕が、「信サンはけがせんかった?」ということばには母が信サンを〔　　　〕する気持ちがよく表れています。

信サンは、ただそれだけを答えて、クルリと向きを変えると、怒《おこ》ったようにズボズボとまた川へ入っていった。そして川の中で向こう向きにたたずんだまま、突然《とつぜん》ポロポロと大きな声で泣きじゃくりはじめたのだった。

（中略）

信サンは、その日を境《さかい》にして少しずつ変《か》わっていった。

だが目に見えて変化《へんか》したのはむしろ私の日常《にちじょう》のほうで、私はその日以来《いらい》、信サンという最高《さいこう》の友だちを得《え》ることが出来たのだった。

信サンは、まったく最高の友だちだった。

それが信サンの本来の個性《すがた》でもあったのだろうが、信サンは、快活《かいかつ》で、力強く、そして私に言わせれば遊びの天才のようでさえあった。

「信サンは天才ばい」

私は事あるごとに母にそんなことを言った。

「分かったけん、早《は》よ、ごはん、食べ」

そう言っていつまでも片付《かたづ》かない私の夕食をたしなめながらも、母は、ときにくすくすと笑《わら》いながら、私の語る信サンの話をいつも楽しそうに聞いてくれた。

私にとって、信サンと過《す》ごす毎日に退屈《たいくつ》な時間など一秒もなかった。外で遊ぶということをほとんど知らなかった私を、信サンは町のあちこちに連れて行ってくれては、そこで様々なことをおしえてくれた。昆《こん》虫《ちゅう》の群《む》れる樹木《じゅもく》のありかや、その幼虫《ようちゅう》がひそんでいる製材所《せいざいじょ》の裏《うら》や、あるいは川岸に身を寄《よ》せる魚の捕《と》り方や——また運動神経《しんけい》が抜群《ばつぐん》に発達《はったつ》

「しちょらん」という発言と、「とつぜん大きな声で泣きじゃくりはじめた」という行動について、

(1) 「けがせんかった？」と聞かれても「しちょらんっ」としか答えなかったのはなぜですか。わかりやすく説明《せつめい》しなさい。

［　　　　　］

(2) 母からやさしく声をかけられた信サンが泣いたのはなぜですか。これまで信サンが大人たちからどのように思われていたのかをふまえて、わかりやすく説明しなさい。

［　　　　　］

していた信サンは何をやってもうまかった。木登りも、泳ぎも、野球も、出来ないものは何もないと言ってよかった。そして器用《きよう》でもあったのだろう、メンコやビーダマなどをやっても他《ほか》の子供《こども》たちの群《ぐん》をぬいていた。近所の子供たちとやり合うときは、私《わたし》はいつも、わくわくしながら信サンのそばでそれを見ていた。信サンが勝てば、それで私は自分が勝ったような気分にもなれるのだった。大人たちにあれほど疎《うと》まれることの多い信サンが、しかし子供たちの間では意外に人気があることを知ったのも、そんな毎日の中でのことだった。

（中略）

信サンが私の母を思慕《しぼ》する気持ちは、子供心にも私にはっきりと感じられていた。そしてそのことを、私は少しも不快《ふかい》に思ったことはない。二人で家の中で遊んでいるとき、たとえば母が何か片付《かたづ》けものなどをしているのに気がつくと、信サンは遊びの途中《とちゅう》でも母のそばに行き、それを手伝《てつだ》った。頭痛《ずつう》持ちの母が少し眉間《みけん》にしわを集めると、「おばさん、頭が痛《いた》いと？」と心配そうに母をみつめていた。

一度、母が熱《ねつ》を出して二日ばかりねこんでしまったことがあった。二学期が始まって間もないころのことで、外《おもて》には秋のはしりの雨が庭の八つ手の葉を鈍《にぶ》くぬらしつづけていた。

私と信サンは縁側《えんがわ》のそばにねころんで漫画《まんが》を読んでいた。そのうち、少し体調を持ち直したらしい母が起きて来て、並《なら》んで寝転《ねころ》んでいる信サンと私に何か冗談《じょうだん》めいたことを言ってからかい、それから隣《となり》の茶の間で座椅子《ざいす》にもたれてぼんやりとテレビを眺《なが》めはじめた。

大人から疎まれる「信サン」は、養父母にも甘えられない
［　　　　］を「私の母」によっていやされているようです。

テレビは、人気ホームドラマの再放送《さいほうそう》をやっていた。そのなかで、干《ほ》し柿《がき》を食べる場面か何かがあったのだろう、「ああ干し柿がおいしそう」と母がつぶやくように口にした。

その声が、開け放したふすまごしに、隣《となり》で寝転《ねころ》んでいる私たちに聞こえるでもなく聞こえた。信サンは漫画雑誌《まんがざっし》からヒョイと顔を上げ、「おばさん、干し柿、好《す》いちょると？」と母に向ってそう尋《たず》ねた。——え？というふうに信サンを見た母は、「ああ、うん、好いちょるよ」と聞かれるままに、そう応《こた》えた。

信サンが三、四十個《こ》はあろうかという干し柿をブラ下げて家にやって来たのは、あくる日の、学校の終わった午後のことだった。

なわに結《ゆ》わかれたままのそれをうれしそうに持ち上げて、「おばさん、干し柿、持って来ちゃった*ばい」そう言って信サンは笑《わら》った。

それがどこかからくすねて来たのだろうことは小学校三年の私にも何となく分かった。思えばその日、学校が終わった頃《ころ》から、信サンは何となく、あやしかった。いつものように五年生の校舎《こうしゃ》に迎《むか》えに行くと、「今日は、ちょっと寄《よ》る所があるき、おまえ、先に帰っちょれ」信サンは私にそう言って、にたりと笑った。言われるままに私は家に帰り、信サンの来るのを待った。ほどなくやって来た信サンは、大量《たいりょう》の干し柿をブラ下げてうれしそうに笑っていた——

母は、

「それは、どうしたんね？」

「信リン」は「私の母」を「　　」気持ちから、干し柿を持ってきてしまったのです。そこで、この場面以外《いがい》でそのような「信サンの気持ち」が行動となって表れたようすを示《しめ》した一続きの二つの文を、ここより前からさがし、一文めの初《はじ》めの五字をぬき出しましょう。

とは言わなかった。

一瞬《いっしゅん》の間のあとで、うれしそうに一つ笑うと、「ありがとう。もらうね」とそれをくったくなく両手で受けとった。

それから、それを数個ずつ小皿に分け、キッチンのテーブルで、母は、皿を自分と私たちそれぞれの前に置《お》いた。信サンは自分の前に置かれた小皿をおしやり、「おれは、よかよ。おばさん食べない」そう言って、それを食べようとはしなかった。なんだか私も食べるのがはばかられるような雰囲気《ふんいき》で、「……おれも、よかよ。お母さん、食べない」そんなことを言った。

母は声を上げて笑《わら》った。


私たちは、母と干《ほ》し柿《がき》を家に残《のこ》して表へ遊びに出た。晩夏《ばんか》ではあったが、まだ日は長い。その時間からでも、どこへでも行けたし、なんでもできた。私たち二人は高台の坂をころがるようにしてかけ下りて行くと、つまらぬことにゲラゲラと笑いあったりしながら歩いていた。笑っただけでも汗《あせ》ばんでくるような、残暑《ざんしょ》の残る午後だった。

そのとき、突然《とつぜん》、私たち二人は大きな声で背後《はいご》から呼《よ》びとめられた。ふり向くと、家にもよく配達《はいたつ》に来る、米屋のおじさんがそこに立っていた。五分《ごぶ》刈《が》り頭の、がっしりとした大男のおじさんで、信サンはこの大男に「戦車《せんしゃ》」というあだ名をつけていた。「戦車」は米屋であるほか、町内会の世話役のようなこともやっている人だった。

その戦車が、「信っ！」と大きな声を上げながら私たちに近づいてきた。


「一瞬の間」が空いてしまったのは、このとき母がどのようなことを考えていたからでしょうか。その内容を示《しめ》した一文をさがし、はじめの五字をぬき出しましょう。

「自分はいいから、おばさん食べなよ。」ということです。

「おまえ、渡辺《わたなべ》のばあさんところの庭先から干し柿《ほがき》カッパラって逃《に》げたちゅうが、本当かっ！」そう言って戦車《せんしゃ》は私たちの前に立った。

（やっぱり）と私は信サンのとなりでそう思った。そして、（信サン困《こま》ったことになったなあ）とそんなことを考えた。

信サンはここのところ、そう目立った悪さもせずに過ごしていたところで、母もそのことを喜《よろこ》んでいた。私は信サンのために、なんとかその場を切りぬけさせてやりたく思い、そんな知恵《ちえ》もないクセに小さな頭の中でいそがしく策《さく》をめぐらしてみたりしていた。

だが信サンは、私の知る限《かぎ》り、こういう時にごまかしたり嘘《うそ》をついたりすることはなかった。

（信サンは白状《はくじょう》するだろう）私はそう思った。

「本当かち聞きよろおがっ」戦車はそうたたみかけた。

「……ほんとう」と信サンは、はたしてそう答えた。

戦車はグイとその体をいっそう大きくするようにして、信サンをにらみつけた。「どこにあるとか？　出せっ、おいさんが返してきちゃるき」太い声でそう言うと、戦車は信サンの前に、そのごつい手のひらを差《さ》し出してみせた。

「……食うてしもた」信サンはやっと聞きとれる程《ほど》の声で、そう答えた。

「食うて――」戦車は驚《おどろ》いた顔をした。

「食うてしもたち、おまえ、渡辺のばあさんは四十個ばかりつり下げとったのを全部持って行かれたち言いよったぞ、それを全部食うたちや？」

信サンは、こくりとうなずいてみせた。

「戦車」はこのように厳《きび》しくしかりますが、実は「信サン」のことを親身になって考えてくれています。「戦車」は「信サン」のためにどうしてやろうと思っていたかがわかる部分を「戦車」のことばの中からさがし、十三字でぬき出しましょう。

「……食うてしもた」は、［　　　　］が［　　　　］をかばうためについたうそです。

「ぼ、ぼくも、いっしょに食うた」私《わたし》は隣《となり》で思わず声を上げた。どう考えても、信サンひとりで四十個の干し柿《がき》は無理《むり》な気がした。もっとも八歳《さい》の私が参加《さんか》したところで大した違《ちが》いはなかったのだが。

戦車《せんしゃ》はチラと私を見て、すこし困《こま》ったような顔をしてみせた。

「……まあ、よかろ」そしてそう言った。

戦車は信サンに目をもどすと、少し優《やさ》しい声音《こわね》で、こんなことを語りかけた。

「おい、信、おまえ近頃《ちかごろ》は顔も明るうなって、あんまり暴《あば》れもせんようになったと思って、おいさんは喜《よろこ》んじょるんぞ。それでまたこげなことしたら、なんもならんやないか、おう？」

信サンは黙《だま》って地面を見つめつづけていた。その様子《ようす》が、同じ子供《こども》の私にも、なにか、ひどく悲しげなものにみえた。

「……もう、よか。渡辺のばあさんには、おいさんが都合《つごう》よう、しとくけん、もうせん、ち言うなら、それでよかたい、どこでん遊びに行け」

意外にも戦車はそんなことを言って私たちを解放《かいほう》しようとした。すぐにも逃《に》げ出そうとした私の隣《となり》で、しかし、どうしたのか信サンは動こうとしなかった。戦車は、そんな信サンをいぶかしむように見つめた。

しばらくそうしていた信サンは、つと顔を上げると、「……義父《とう》ちゃんに言うとやろ？」と戦車にそう尋《たず》ねた。

戦車は自分を見上げる少年の顔を少しの間みていたが、「……中岡《なかおか》さんに言うたら、またお前が火の出るごつ殴《※く》らされるやろ、黙っとっちゃる、心配すんな」そう応《こた》えた。

「ぼ、ぼくも、いっしょに食うた」は、［　　　］が［　　　］をかばうためについたうそです。

信サンはこれまでは手のつけられない［　　　］という見方をされていました。だれにも本来の姿《すがた》をわかってもらえず、［　　　］思いをし、かたくなに心を閉《と》ざし、強がってわざと［　　　］ようなところもありました。しかし、母に［　　　］され、あたたかく接してもらうことで［　　　］になり、本来の姿を見せるように変化してきています。

この部分から、信サンは、実の父親がいないうえ、周《まわ》りの大人が心配するほど義父《ぎふ》が［　　　］をふるう家庭に育っていることがわかります。

「本当な?」なおもそうたずねる信サンに、「ああ、本当たい」戦車は太い声でそう約束《やくそく》した。

「……おいさん、ありがとう」信サンはうれしそうな顔で、戦車に礼を言った。「おれはもう、干《ほ》し柿《がき》、盗《と》らんばい」

「干し柿だけやない、なんでも人の物は盗ったらいかん、おまえは馬鹿《ばか》やないとやから、それくらいのことは分かろおが」戦車は言った。

……うん、と信サンはうなずき、「おいさん、ありがとう」とそうくり返して笑《わら》った。

「よかよ。――そいじゃな」

戦車は、そう言って立ち去りかけたが、ふと立ち止まると、「信よ」とふり向いて、また信サンをみた。「おいさん、おまえに礼を言うとを忘れちょった。何日か前、娘《むすめ》がドブにソロバン落として泣きよったとき、おまえドブん中に入って拾《ひろ》てくれたそうやな。水道できれいになるまで洗《あろ》てもろたち、娘が言いよった。世話んなったな、礼言うとくぞ」

戦車は、そう言いのこして帰っていった。

母は、そんな大変《たいへん》なことがあったとも知らず、私が家に帰ると、のんきに、まだ干し柿を食べたりしていた。

私は少し腹《はら》が立って、ことのいきさつを母に話した。

「知っちょるよ」と母はこともなげに言った。

「さっき、渡辺《わたなべ》さんのところに、おわびに行って来た。そしたら『よかけん食べなっせ』と言って、おばあちゃん、コレくれたと。裏《うら》にまだいっ

自分たちは、母が食べたいと言い出した柿のせいで「　　　」な思いをしてきたのに、何も知らない母が「　　　」に干し柿を食べていて、まるで「　　　」のように思えたので、「私」は少し腹が立ったのです。

ぱいあるらしいよ」そう言って満足《まんぞく》そうに指をなめてみせた。

夕方に、よく近所を散歩《さんぽ》して歩く母は、信サンの持つそれを見たとき、これは渡辺《わたなべ》サンの所に下がっていたやつではないかと、すぐにそう思ったのらしい。

結局《けっきょく》、干《ほ》し柿《がき》はそれから十日ばかりの間の母のオヤツとなった。

信サンは毎日のように家に来ては、母が干し柿を食べるのをうれしそうに眺《なが》めていた。信サンが来ると、母はショータイムでも始める芸人《げいにん》のように、小皿に干し柿をのせ、信サンの前でおいしそうに食べてみせた。

それは実際《じっさい》においしかったのだろうし、母は本当に干し柿が好きでもあったようなので、さして無理な「ショー」ではなかっただろうとは思う。何よりも信サンのうれしそうな顔を見るのが、母も楽しかったのだろう。米屋の戦車《せんしゃ》にしかられたいきさつを知っている母は、結局、信サンには、そのことに関して何も言わなかった。

ただ、その何日後だったかに、母と信サンに、こんなやりとりがあった。

四十個ほどの干し柿も、次第に残り少なくなっていき、いよいよそれが最後《さいご》の一皿となった午後、「おばさん、もうそれで、干し柿は終わりな？」と信サンが、どこかつまらなそうな顔で、母に聞いた。

「うん、これで、終《しま》い。ゆっくり食べんといかんね」母はそう言って笑った。

「まだ、食べたいな？」信サンは母をみた。

「いんや。信サンのおかげで、おいしい思いを、させてもろた。もうこ

信サンが「毎日のように家に来ては、母が干し柿を食べるのをうれしそうに眺めていた」のは、自分を〔　　〕してくれたうえに大切にしてくれることに〔　　〕するとともに、母が〔　　〕ようなことをして役に立ちたいと願《ねが》う気持ちがあったからです。

「信サンが来ると、母はショータイムでも始める芸人のように、小皿に柿をのせ、信サンの前でおいしそうに食べてみせた」のは、これまでよく思われていなかった信サンが、自分をしたい、役に立ちたいと思うことで〔　　〕になったので、その気持ちにこたえ、自分が〔　　〕ことで信サンを〔　　〕てあげたいと考えたからなのです。

1 信サンが、明るく素直《すなお》な少年に変わったのはどんなことがきっかけになったと思うか。わかりやすく説明《せつめい》しなさい。

〔　　　　〕

2 だれかのおかげで、それまでとはちがう自分になれたような、あなた自身の経験《けいけん》を説明しなさい。

れで、干《ほ》し柿《がき》は当分、よかよ」母は答えた。

「ほかに、なんが食べたい？」そうたずねる信サンに、

「なんも。あとは信サンが、どんどん良《よ》か子供《こども》になってくれたら、おばさんはうれしいよ」母はそうはほえんで、信サンのぼうず頭を、ひとつなでた。

信サンは、それで、母の言わんとすることのすべてを、感じとったようだった。


〈辻内智貴《つじうちともき》『信さん』〉

＊けげんそうに　不思議《ふしぎ》そうに。
＊フダツキ　悪い評判《ひょうばん》がたっていること。
＊思慕　したう気持ち。
＊風聞　うわさ。
＊くすねて　ぬすんで。
＊殴らされる　なぐられる。

3 この物語から、あなたはどのようなことを学んだか。わかりやすく説明《せつめい》しなさい。

（出題例　東京・麻布中）②

● 編著者紹介

海老原 成彦（えびはら なるひこ）

20年以上にわたり，サピックス小学部をはじめとする首都圏の大手進学塾で国語を指導。的確な入試分析と，生徒の学力に親身に寄り添う授業で，数多くの受験生を志望校合格へと導く。筑波大駒場や男女御三家などの最難関中学受験対策はもちろん，低学年生など，幅広い学力レベルの指導を経験。生徒ひとりひとりの能力を引き出し，国語の力を総合的に高めるための授業・教材について見識を磨いてきた。その豊富な経験を活かし，塾の広報担当として受験・子育てイベント会場で多くの保護者からの学習相談を受けた経験も持つ。エデュケーションフロンティア国語科主管。

□ 編集協力　多湖奈央

シグマベスト
中学入試　分野別集中レッスン
国語　記述力

編著者　海老原成彦
発行者　益井英郎
印刷所　NISSHA株式会社
発行所　株式会社文英堂
〒601-8121　京都市南区上鳥羽大物町28
〒162-0832　東京都新宿区岩戸町17
(代表)03-3269-4231

●落丁・乱丁はおとりかえします。

中学入試

分野別

集中レッスン

国語 記述力

解答・解説

文英堂

ガイド付き

練習問題1 解答

次の文章を読んで、下の1～2に答えなさい。

そんなことより気になったのは、帰ってきた麻子《あさこ》が、ちょっと元気がないように見えたことだった。いつもと変《か》わらず、「春太《はるた》、散歩《さんぽ》に行こうか」と声をかけてきたから、気のせいかと思っていたんだけど、やっぱり様子がおかしい。

「なにか心配事か？」

俺《おれ》は、ちょっと遅《おく》れてついてくる麻子を振《ふ》り返った。「夜道でも危《あぶ》なくないぞ。暴漢《ぼうかん》が襲《おそ》ってきたら、俺が撃退《げきたい》してやるから」

麻子は黙《だま》っている。俺はどうしたらいいのかわからなくなった。麻子がなにかを悩《なや》んでいる。だけど、その原因《げんいん》が伝《つた》わってこない。

散歩ルートの途中《とちゅう》にある、小さな児童公園に入った。街灯《がいとう》に照《て》らされた、ジャングルジムとすべり台。夜の公園では、遊具までがなんだかさびしそうだ。

桜《さくら》はもう、すべて散《ち》ってしまった。

麻子はベンチに座《すわ》った。俺は麻子のまえに立って、麻子が悩みを打ち明けてくれるのを待った。

「また寒さが戻《もど》ってきたね。春は天気が不安定《ふあんてい》だから」

「うん。でもそれもそろそろ終わりだ。葉っぱがいっせいに芽吹《めぶ》く気配

ガイド 「　」をうめながら、読み進めよう。

本冊18ページ

これは、「俺」が、「 麻子 」の様子を見て感じたことです。なにかを「 心配 」しているようで、「 元気 」がない様子なのを、「俺」は心配しているのです。

「俺は鼻をひくつかせてみせた」とありますが、

① 「俺」の名前を答えましょう。 ［ 春太 ］

② この行動から、「俺」の正体が何だとわかりますか。漢字一字で答えましょう。 ［ 犬 ］

がしてる」

俺《おれ》は鼻をひくつかせてみせた。そんな俺の顔を見ていた麻子《あさこ》の頬《ほお》に、突然《とつぜん》涙《なみだ》がころがりおちた。

「どど、どうしたんだ麻子！」

俺はびっくりしてしまった。麻子が泣《な》くなんて、これまでなかったことだ。

「どっか痛《いた》いのか？　米倉《よねくら》のやつになんか言われたのか？」

俺が必死《ひっし》になだめても、麻子はうつむいて身を震《ふる》わせている。①俺は麻子の膝《ひざ》に両手を置《お》き、のびあがってそっと涙をなめた。途方《とほう》に暮《く》れている麻子の心が凝縮《ぎょうしゅく》した、しょっぱい味がする。

「どうしよう。どう答えたらいいだろう」

と麻子はつぶやいた。

「泣くなよ、麻子。俺がいるじゃないか。な？」

麻子の両腕《りょううで》が、ぎゅっと俺の背《せ》にまわされる。抱《だ》きしめられて、俺も麻子の首筋《くびすじ》に頬をすりよせた。


ほら、麻子。こうやってくっついてると、ぬくもってくるだろう。泣くことなんかないんだ。俺がそばにいる。俺はいつだって麻子のことを考えてるし、思っている。だから笑《わら》っていてくれよ。

麻子の心臓《しんぞう》は、俺のものよりずっとゆるやかに鼓動《こどう》を刻《きざ》む。命の速度がちがうからだ。②俺はせつない。そして悲しい。麻子の悲しみを感じるのに、できることはあまりに少ない。

〈三浦《みうら》しをん『きみはポラリス』〉

1　——線①「俺は麻子の膝に両手を置き、のびあがってそっと涙をなめた」とあるが、このときの「俺」の気持ちを説明《せつめい》しなさい。

［元気がなく様子がおかしかった麻子がとつぜん泣き出したが、何があったかもわからず、なぐさめるのに必死な気持ち。］

［ 犬 ］である［ 春太 ］が、麻子のことをなんとか元気づけようとしていることから、麻子のことをとても［ 心配 ］していることがわかります。
←
この気持ちを、麻子はわかっているでしょうか。正しいほうを選びましょう。［わかっている／わかっていない］

2　——線②「俺はせつない。そして悲しい」とあるが、このときの「俺」の気持ちを説明しなさい。

［麻子をなぐさめてあげたいが、犬である自分にできることは何もなく、力になってあげられない、つらくて悲しい気持ち。］

（出題例　東京・立教池袋中）

次の文章を読んで、下の1～2に答えなさい。

やがて冬になった。

ある日、積雪《せきせつ》があった。

AとBは、雪だるまをつくった。二人とも、手袋《てぶくろ》をはめて、雪の球をころがしていた。

その様子を、Aの祖母《そぼ》が窓《まど》から首を出して眺《なが》めていた。その祖母に気づくと、①Bは手袋をはめた手を指《さ》し示《しめ》して、笑顔《えがお》をつくった。

祖母がAをさし招《まね》いた。そして、小声で言った。

「あの子は、可愛《かわい》いところのある子だね。去年あげた手袋を、今年もちゃんとはめているよ」

そこで、Aははじめて Bの仕種《しぐさ》の意味が分かった。前の年の冬、やはり雪の積《つ》もった日、AとBは雪だるまを作っていた。Aは手袋をはめていたが、Bの素手《すで》は赤くはれて、霜焼《しもや》けていた。祖母がそれをみて、Bに手袋を贈《おく》った。新しい手袋ではなく、Aのはめている手袋をBに渡《わた》し、Aには新しい手袋を与《あた》えてくれたのである。

そして、一年たった積雪の日、窓からのぞいていた祖母を喜《よろこ》ばしたBの仕種は、

「もらった手袋は大切に取っておいて、今年もはめていますよ」

ガイド 「　」をうめながら、読み進めよう。

本冊32ページ

1 ――線①「Bは手袋をはめた手を指し示して、笑顔をつくった」とあるが、Bは何を伝《つた》えるためにそのようなことをしたのか、わかりやすく説明《せつめい》しなさい。

［昨年の冬にもらった手袋は、大切にとっておいて、今年もはめているという、Aの祖母への感謝の気持ち。］

「小声で言った」のは、Bに聞かれたくない話だったからでしょう。

「新しい手袋ではなく、Aのはめている手袋をBに渡し、Aには新しい手袋を与えてくれた」とありますが、

① 祖母はなぜBに手袋をあげたのでしょうか。
→手袋も買ってもらえないBを「かわいそう」だと思ったから。

② 祖母はなぜBに新しい手袋を買ってあげなかったのですか。
→いくら「かわいそう」だからといっても他人に新しい手袋などは「もったいない」と思い、Aが使っているもので「十分」だと考えたから。

というものだった。

あらためて、AはBの笑顔《えがお》を眺《なが》めた。「Bが喜んでくれている」というよろこばしさと、「Bに恩恵《おんけい》をほどこした」という気持ちとが、Aの心の中で混《ま》じり合って動いた。しかし、そのとき心で動いたものは、②その二つの感情《かんじょう》だけではないようにAにはおもえた。それが何か、たしかめようと考えながらBの笑顔に相変《あいか》わらず眼《め》を向けていると、Bの顔が笑顔のままかすかにこわばったようにおもえた。

その瞬間《しゅんかん》、Bが言った。

「Aちゃん、屋根《やね》に登ろうよ。雪の積《つ》もった屋根って、きっと面白《おもしろ》いぜ」

その言葉《ことば》に、むしろ救《すく》われた気持ちになり、Aはいそいで屋根に登った。

〈吉行淳之介《よしゆきじゅんのすけ》「子供《こども》の領分《りょうぶん》」〉

「Bに恩恵をほどこした」とは、言いかえれば、［貧しいBに手袋を恵んであげた］ということになります。

「それが何か」とありますが、

① この気持ちはどちらの気持ちでしょうか。正しい方を選びましょう。［プラス(+)の気持ち／マイナス(−)の気持ち］

② （　）の中にAかBのどちらかを入れましょう。また、気持ちとしてふさわしいものを［　］の中から選《えら》びましょう。

Bがしている手袋はもともと（A）のものだった。新しい手袋は（A）がもらったので（B）の手袋は古い。それなのに、（B）は（A）の祖母に手袋をもらったことを感謝し続《つづ》けなくてはならず、（A）は（B）に対して［はずかしい／もうしわけない／情《なさ》けない／うらやましい］気持ちをもっている。

2 ――線②「その二つの感情だけではない」とあるが、どのようなものだと考えられるか。Aの心の動きを想像《そうぞう》して説明《せつめい》しなさい。

［自分の古い手袋を使っているのに、喜んで笑顔をつくらなければならない貧しいBに同情し、もうしわけない気持ちになっている。］

（出題例　東京・筑波大附駒場中）

本冊34ページ

次の文章を読んで、下の1～3に答えなさい。

クラスの男子は十七人。学級委員は、そのうち六人。三分の一は委員になる計算だ。これ——けっこうキツい。去年までのように年間三人の委員なら、みんなが認《みと》めるベストスリーがすんなりと当選《とうせん》する。でも、六人になって、しかも三学期になると、どんぐりの背比《せいくら》べだ。十七人中の五番めと六番めで選《えら》ばれたって自慢《じまん》にはならないし、そのくせ選ばれなかったら、ベストスリーからはずれるよりずっと悔《くや》しい。

「あ、でも……。」紺野《こんの》くんは少年を振《ふ》り向いた。「学級委員、なっちゃうんじゃない？」

「俺《おれ》？」——①声が裏返《うらがえ》りそうになった。

「うん、だって、他に学級委員やれそうな奴《やつ》っていないじゃん」

「そんなことないって、なに言ってんだよ、まだたくさんいるよ」

あいつだって、こいつだって、と思いつくまま名前を挙《あ》げていった。でも、少年は知っている。勉強でもスポーツでも遊びでも、自分の位《い》置《ち》は、十七人の真ん中よりちょっと上。七番とか、八番とか……九番までは落ちないと思うし、もしかしたら六番とか、意外と五番とか……。

「俺は当選すると思うけどなあ」

うらやましそうに言う紺野くんは、少年のランク付《づ》けではクラスの最《さい》

ガイド　［　］をうめながら、読み進めよう。

「ベストスリーからはずれるよりずっと悔しい」とありますが、ベストスリーからはずれるのがあまり悔しくないのは、ベストスリーに入れない人は［たくさんいる］ので、ベストスリーからはずれることは［はずかしいこと］ではなく、悔しいという気持ちにはならないからです。

1　——線①「声が裏返りそうになった」のはなぜか、わかりやすく説明《せつめい》しなさい。

［自分も選ばれるのではないかとひそかに期待していることを紺野君にいきなり言われて、おどろいたから。］

この部分に書いてあることを、短く抽象的《ちゅうしょうてき》にまとめると、［だれにも聞かれたくない、少年の本心］となります。

低《てい》。気はいい奴でも、トロくて、勉強もスポーツも全然《ぜんぜん》だめで、顔もよくない。一学期も二学期も、一票《いっぴょう》も入らなかった。

マジ、俺《おれ》、当選すると思うぜ、と紺野《こんの》くんがつづけるのをさえぎって、ゲームをリセットした。「早くやろうぜ早く」とゲームに戻《もど》り、あとはもう選挙《せんきょ》の話はしなかった。

紺野くんが帰ったあと、急に胸《むね》がむしゃくしゃしてきた。自転車で町じゅうを走り回っても、まだおさまらない。

②学級委員なんてなりたくないのに、学級委員に選ばれたい。できれば当選したあとで「俺、絶対《ぜったい》にヤだから」と断《ことわ》ってみたい。

一学期の選挙では二票しか入らなかった。二学期の選挙では六票に増《ふ》えた。クラスの「上」の四人が抜《ぬ》けた今度の選挙では……「上」って発想、ヤだな、なんか。

人気者になりたい――のとは、違《ちが》う。勝ち負けというのとも、微妙《びみょう》に、違う。

ただ、どきどきする。むしゃくしゃする。胸の奥《おく》で小さな泡《あわ》が湧《わ》いて、はじけて、また湧いて、はじけて、はじけて……。

〈重松清《しげまつきよし》「正」〉

2 ――線②「学級委員なんてなりたくないのに、学級委員に選ばれたい」とはどういうことか、わかりやすく説明《せつめい》しなさい。

［学級委員の仕事はやりたくないけれど、男子の中で五、六番めくらいには認められたいということ。］

3 学級委員には選ばれたいものの、そんなことを期待しながら、自分の考えそのものがいやになっている複雑《ふくざつ》な気持ちが書かれている一文をさがし、初《はじ》めの七字をぬき出して答えなさい。

ク	ラ	ス	の	「	上	」

（出題例　東京・学習院女子中）

本冊50ページ

次の文章を読んで、下の1〜3に答えなさい。

日本人のしぐさということで私がまず思いつくのは「①あいづち」である。このことばのおもしろさにまずひかれる。『広辞苑《こうじえん》』には「〈相槌・相鎚〉鍛冶《かじ》で、互《たが》いに打ち合わす鎚《つち》」とある。鎚をトンカントンカンと打ち合わす快《かい》は、もはや私たちの日常《にちじょう》生活からは遠く、正月のもちつきの臼《うす》取りの愉快《ゆかい》さえ、光景《こうけい》としても日々に遠ざかってしまった。

〈しかし〉、あいづちということばは、二人の共同作業の快味をよく伝《つた》えているようである。きねをつく人よりもむしろ、拍子《ひょうし》おもしろく②臼取りする人のほうが、仕事としてむつかしくおもしろいのではなかろうか。受け身の、従《じゅう》の立場のほうが、共同の仕事の中で、より困難《こんなん》でより愉快味のある役割《やくわり》であるようだ。

スイスのガスカール女史《じょし》は、その「日本観察《かんさつ》ノート」の中で日本人の返事のアイマイさを批判《ひはん》している。「日本人から、確《たし》かな『イエス』か『ノー』の答えを得《え》ることは、全く不可能《ふかのう》なことに属《ぞく》します。（中略）『ソー、ネー……』といい、頭をかくのです。とにかくこっちはそれでちっとも利口《りこう》になるわけのものではなく、依然《いぜん》として、なにがなにやらわからないままです。③日本人とは、なんとややっこしい人でしょう！」

この指摘《してき》は別《べつ》に独創的《どくそうてき》なものでも特異《とくい》なものでもない。しかしそれだ

ガイド 〔　〕をうめながら、読み進めよう。

最初《さいしょ》に話題が書いてあります。この後、「あいづち」ということばに特に注意をはらって読み進めましょう。

「しかし」から始まる段落《だんらく》は筆者の考えが示《しめ》されることが多いので、「しかし」ということばを〈　〉で囲《かこ》み、大切だと思うところにはタテ線を引いておきましょう。

「臼取り」の特徴《とくちょう》として、次の三つのことが挙《あ》げられています。
・きねをつくより、仕事としてむつかしく〔おもしろい〕。
・受け身の、〔従〕の立場である。
・共同の仕事のなかで、より〔困難〕で〔愉快味〕のある役割である。

1 ——線①「あいづち」を打つことと、——線②「臼取りする」ことについて、筆者はこの両者にどのような共通点《きょうつうてん》があると考えているか、答えなさい。

〔どちらも共同でする仕事で、受け身の立場のおもしろさがある点。〕

けに、私たち日本人の身振《みぶ》りの、したがって文化の、他国の人によっては理解《りかい》されえない特異性《とくいせい》を浮《う》かび上がらせている。ふだん、私たちは気づかないが、人の話を聞くとき、たえずあいづちを打っている。心の中であいづちを打っている人もいるし、大げさな身振りであいづちを打っている人もいる。無意識《むいしき》であるだけになかなか本人は気づかない。

ラジオ、テレビのプロデューサーがしろうとの出演者《しゅつえんしゃ》に対して「教育」することの一つはこの④あいづちを減らすことである。画面や声であいづちの身振りや「そう」「はい」という表現《ひょうげん》は目ざわり耳ざわりである。客観的《きゃっかん》に観察《かんさつ》すると、あいづちというのはなにかしら異様《いよう》に同調的な態度《たいど》をきわだたせてしまうのだ。客観的と言ったが、それはひょっとするとヨーロッパ人の目を私たちの客観の目の中に組み入れてしまったということかもしれない。

外国のビジネスマンが商取り引きにやってくる。何か懸命《けんめい》にまくし立てている。私たちのビジネスマンは相手の熱意《ねつい》に打たれ、思わずあいづちを打ってしまう。それは外国人には確実《かくじつ》な「イエス」のしぐさとして理解される。そして同意のサインをということになって、書類《しょるい》を取り出す。日本人はそれを見て、とても同意できないと首を横に振《ふ》る。外国人は驚《おどろ》いて、なんと日本人には誠意《せいい》がないのだろう、平気でウソをつくというふうに評価《ひょうか》する。

〈多田道太郎《ただみちたろう》『しぐさの日本文化』〉

＊臼取り　もちつきで、臼のそばにいて、もちをこね返すこと。

この部分と同じように、「日本人の身振り」が、例をあげて批判《ひはん》されている、もう一つの段落《だんらく》の初《はじ》めの五字を答えましょう。

外	国	の	ビ	ジ

2 ——線③「日本人とは、なんとややこしい人でしょう!」とあるが、ガスカール女史が「ややっこしい」と感じるのは、日本人のどんなところか、答えなさい。

［返事がアイマイなところ］

プロデューサーが「あいづちを減らす」ように言う理由が書いてあるひとつづきの二文をさがし、タテ線を引きましょう。

←

その二文では、あいづちは、次のようなものだと言っています。

・［目ざわり耳ざわり］なもので、
・［異様に同調的な態度をきわだたせてしまう］ものだ。

3 ——線④「あいづちを減らすこと」とあるが、なぜあいづちを減らさなければならないのか、説明《せつめい》しなさい。

［あいづちが多いと同調的な態度がきわだち、目ざわり耳ざわりだから。］

（出題例　東京・普連土学園中）

次の文章を読んで、下の1に答えなさい。

「いま、上空から眺《なが》めて一番きれいな夜景《やけい》は東京」

世界の夜景を機上《きじょう》から眺め続けている人々の意見だけに説得力《せっとくりょく》がある。まさに我《わ》が意を得《え》た思いがした。世界広しといえども、東京ほど広大な広がりを持つ都市はないし、信頼感《しんらいかん》あるひとつひとつの灯《あか》りがそういう規模《きぼ》で結集《けっしゅう》しているわけである。このあたりに僕《ぼく》はひとつの確信《かくしん》を持つ。

掃除《そうじ》をする人も、工事をする人も、料理《りょうり》をする人も、灯りを管理《かんり》する人も、すべて丁寧《ていねい》に＊篤実《とくじつ》に仕事をしている。あえて言葉《ことば》にするなら「繊細《せんさい》」「丁寧」「緻密《ちみつ》」「簡潔《かんけつ》」。そんな価値観《かちかん》が根底《こんてい》にある。日本とはそういう国である。

これは海外では簡単《かんたん》に手に入らない価値観である。①パリでも、ミラノでも、ロンドンでも、たとえば展覧会《てんらんかい》の会場ひとつ日本並《な》みの完成度《かんせいど》で作ろうとするなら、その骨折《ほねお》りは並大抵《なみたいてい》ではない。基本的《きほんてき》に何かをよりよく丁寧にやろうという意識《いしき》が希薄《きはく》である。労働者は時間がくれば作業をやめる。効率《こうりつ》や品質《ひんしつ》を向上させようという意欲《いよく》よりもマイペースを貫《つらぬ》く個《こ》の尊厳《そんげん》が仕事に優先《ゆうせん》するとでも言うか。それを前提《ぜんてい》に、管理する側《がわ》がほどよく制御《せいぎょ》して仕事を進めていく。確《たし》かに、ヨーロッパには職人《しょくにん》

ガイド 【　】をうめながら、読み進めよう。

本冊52ページ

「労働者は時間がくれば作業をやめる」について、

(1) 筆者が考える、その理由が書いてある一文をさがし、初《はじ》めの五字をぬき出しましょう。

効率や品質

(2) これとは対照的《たいしょうてき》な働《はたら》き方が書いてある一文をさがし、初めの五字をぬき出しましょう。

掃除をする

(3) その理由が書いてある一文をさがし、初めの五字をぬき出しましょう。

あえて言葉

気質というものが存在《そんざい》するが、日常《にちじょう》の掃除《そうじ》や、展示会場《てんじかいじょう》の設営《せつえい》などは、職人気質の及《およ》ぶ範囲《はんい》ではないのかもしれない。さらに言えば、こうした普通《ふつう》の環境《かんきょう》を丁寧《ていねい》にしつらえる意識《いしき》は作業をしている当人たちの問題のみならず、その環境を共有《きょうゆう》する一般《いっぱん》の人々の意識のレベルにもつながっているような気がする。特別《とくべつ》な職人の領域《りょういき》だけに＊高邁《こうまい》な意識を持ち込《こ》むのではなく、ありふれた日常空間の始末《しまつ》をきちんとすることや、それをひとつの常識《じょうしき》として社会全体で＊暗黙裡《あんもくり》に共有すること。美意識とはそのような文化のありようではないか。

ものづくりに必要《ひつよう》な資源《しげん》とはまさにこの「美意識」ではないかと僕《ぼく》は最近《さいきん》思いはじめている。これは決して比喩《ひゆ》やたとえではない。ものの作り手にも、生み出されたものを喜《よろこ》ぶ受け手にも共有される感受性《かんじゅせい》があってこそ、ものはその文化の中で育《はぐく》まれ成長《せいちょう》する。まさに美意識こそ、ものづくりを継続《けいぞく》していくための＊不断《ふだん》の資源である。しかし一般的《いっぱんてき》にはそう思われていない。資源といえば、まずは物質的《ぶっしつてき》な天然《てんねん》資源のことを指す。

〈原研哉《はらけんや》『日本のデザイン』〉

＊篤実　情《じょう》が深くて誠実《せいじつ》であること。
＊高邁　志《こころざし》がとても高いこと。
＊暗黙裡　口に出さないで。内密《ないみつ》に。
＊不断　とだえず、続くこと。日常《にちじょう》のこと。いつも。

---

1 ——線部①「パリでも、ミラノでも、ロンドンでも、たとえば展覧会の会場ひとつ日本並みの完成度で作ろうとするなら、その骨折りは並大抵ではない」とあるが、ヨーロッパではむずかしいのはなぜか。日本とヨーロッパのちがいが明らかになるように説明《せつめい》しなさい。

（出題例　鹿児島・ラ・サール中）

［日本は、ありふれた日常空間の始末をきちんとする意識を社会全体が共有していて、労働者も丁寧に篤実に仕事をしているが、ヨーロッパは、何かをよりよく丁寧にやろうという意識が低く、労働者も効率や品質を向上させるより、マイペースを貫く個の尊厳を優先させているから。］

「職人気質の及ぶ範囲ではないのかもしれない」は、言いかえれば、日常の掃除や展示会場の設営などの［ありふれた］ことは丁寧にやらない、ということです。

次の文章を読んで、下の1～2に答えなさい。

①子どもこのころからずっと、外国のいろいろな土地を旅してみたいと思ってきました。

大学生になってまもなく、ぼくは夢の実現にむけて行動を開始しました。なかまを集めて、探検部《たんけんぶ》をつくったのです。同じような夢をもつなかまが十人以上も集まりました。

まずはみんなで、本格的な探検にむけて、国内の山登りや川下りの練習をつみます。海外遠征《かいがいえんせい》を目標に、一年間に百日以上も山や川ですごしたこともありました。

トレーニングを続けながら、外国の*辺境地帯を探検した人に会っては、いろいろと話をきき、本を読んでは情報を集めました。自分で資金をつくるために、さまざまなアルバイトもしました。とにかく探検にでて、いままでとちがう環境《かんきょう》に自分をおいてみたかったのです。自然環境もそのほかの文化も、日本とはまるでちがうところへ行って、いままで知らなかった世界を見てみたい、そこに自分をほうりこむことで、いままで気づかなかった、意外な自分自身が見えてくるのではないだろうか、そんなふうに思っていました。

やがて、ぼくの心の中に、目的地が見えてきました。地球上でもっとも未知な部分を残している、*南米大陸《なんべいたいりく》を流れる世界最大の大河《たいが》アマゾン

ガイド　【　　】をうめながら、読み進めよう。

1　——線①「子どもこのころからずっと、外国のいろいろな土地を旅してみたいと思ってきました」とあるが、筆者が「旅」に期待していたことは何か、四十字以上五十字以内で答えなさい。

本冊64ページ

「筆者はなぜこの場所を行き先に選んだのでしょうか。理由を考えてみましょう。

【 自然環境も文化も日本とはまるでちがう 】ところだったから。

です。アマゾン探検の実現を目標に、大学を一年休学*して現地に入ったのは、大学三年生、一九七一年のことでした。

この最初の旅で、ぼくは南米大陸の魅力《みりょく》にとりつかれました。以来、二十年以上も、南米大陸に通いつづけることになりました。

ギアナ高地、パタゴニア、アマゾン、オリノコといろいろな場所をおとずれ、いくつもの村をたずねました。狩《か》りにつれていってもらったり、魚を捕《と》りにいったり。畑仕事に参加し、祝いの席ではともに歌い、踊《おど》ります。

彼《かれ》らインディオ*たちにとって、ぼくは、日本というどこか遠い所からやってきた、なんの役にもたたない居候*《いそうろう》です。でも、彼らはぼくを受けいれ、安全にすごせるように気を配ってくれました。食べ物も、「さあ、これを食べてみろ、うまいぞ」と、いちばんおいしいところをわけてくれます。

こんなに親切にしてもらっても、ぼくはなにもしてあげられない。彼らにたいして、申しわけないという思いがつのってきます。

なにかぼくにできることはないだろうか。

そんなときに、病気で苦しむ子どもの姿《すがた》が目にはいりました。村の生活でぼくのいちばんの友達《ともだち》は子どもたちでした。いっしょに森にはいって、木の実やフルーツ集めをしたり、魚を捕ったり、虫を捕ったり。好《こう》奇心《きしん》いっぱいの子どもたちは、いろいろなことを教えてくれます。

その子たちが、日本でならば、薬ですぐに治るような病気で苦しみ、ひどいときには命さえも失っているのです。医者になって、この子たちを救いたい――ぼくは医者になることを決意しました。

このように筆者は考えました。これは、「旅」が筆者にどのような変化をもたらしたといえるでしょうか。本文中から抜き出して答えましょう。

インディオたちに［ 申しわけない ］と思い、［ 自分自身 ］についてよく考えるようになった。

さらに筆者の思いは具体的に変化します。このあと筆者はどうしたでしょうか。次のページの続きを読んで、ふさわしいものを選びましょう。

ア 探検に夢中で医者になるための勉強をおろそかにしていたが、ようやく本気になった。

イ 大学三年から必死に試験勉強をして、医者になるための国家試験に合格した。

ウ 南米のアマゾンにある医学部を受験しなおして、子どもたちを救うために必死で勉強した。

エ 大学三年で一度大学をやめ、もう一度受験して医学部に入り、医者になるための勉強を始めた。

［ エ ］

そして、また受験勉強をして、医学部にはいりました。医学部の学生時代も、医者になってからも、もちろん南米大陸に通いつづけたのです。こうして南米大陸の魅力にとりつかれたことがきっかけで、ぼくはいま、人類の足どりをたどる旅に出発することになったのです。

〈関野吉晴『グレートジャーニー人類5万キロの旅① 嵐の大地パタゴニア』〉

*辺境地帯　国の中心から遠く離れた土地。
*南米大陸　南アメリカ大陸。
*インディオ　南アメリカに以前から住んでいた民族。
*居候　他人の家に世話になっている人。

2 この文章には「成長」をテーマに、筆者の体験や意見が書かれている。あなたは自らを「成長」させるために何が大切だと考えるか。次の二つの条件を満たしながら三百五十字以上、四百字以内で書きなさい。

条件1　第一段落では、この文章の要点をまとめること。

条件2　第二段落では、あなたの経験をふまえた考えを書くこと。

（出題例　東京・都立両国高附中）

1

いままでとはまるでち
がう環境に身をおくこ
とで、いままで知らな
かった意外な自分自身（四十字）
に出会うこと。（五十字）

2

【解答例①】

筆者は、今まで気づかなかった、意外な自分が見えてくると期待して、探検をこころざした。南米大陸に魅力を感じ、インディオたちと交流を深めるうちに、自分を居候と感じるようになった。筆者は、医者となって彼らの役に立とうと考え、医者になったあとも南米大陸に通い続け、人類の足どりをたどる旅に出ることになった。

　私は、自分では気づかない自分を知ることが「成長」への第一歩だと思う。とくに自分の欠点には自分で気づきにくい。前に友達とけんかしてしまったとき、「いつもぼくの話をちゃんと聞いていない」と言われた。その友達とはいつも楽しく話をしていたつもりだったので、とても意外だった。くわしく聞くと、私は、友達が話し終わるのを待たずにすぐに話し出すので、言いたいことが伝わっていないと思っていたそうだ。けんかの後、人の話をしっかり聞くように心がけている。その友達との友情も、前よりも深まったと思っている。

（三百五十字）

（四百字）

2

［解答例②］

筆者は、今まで知らなかった世界を探検することで、意外な自分が見えてくると思っていた。南米大陸のさまざまな土地を訪れ、インディオたちの生活にとけこむうちに、医者になって子どもたちを救いたいと考えた。ほんとうに医者になったあとも、南米大陸に通い続け、人類の足どりをたどる旅に出ることになった。

「成長」には、自分が知らない世界へふみ出そうとする勇気が必要だと思う。私にとって、自分の知らない世界へふみ出したといえる経験は、高知県から東京の小学校に転校してきたことだ。転校する前は、お母さんに「のんびり屋のミキが東京の小学校になじめるかしら」と言われたりして、とても不安だった。しかし、勇気を出して、自分から、学校のことや町のことをたずねたり、高知県のことを話したりするうちに、友達ができて、学校が楽しくなった。のんびりしすぎて母にしかられることもへって、自分でも少し成長したかなと思う。

（三百五十字）

（四百字）

2

【解答例③】

　筆者は、いろいろな外国を旅したいという夢を実現するために、探検部を作って、トレーニングをつんだり、本を読んで情報を集めたりして、アマゾン探検を実現した。その後、南米大陸のさまざまな土地を訪れ、インディオたちと交流するうちに、今度は、彼らの役に立ちたいと思い、医者となって、南米への旅を続けた。

　私は、「成長」に大切なことは、夢や目標を実現させようと努力することだと思う。私は、今、ピアノを習っていて、将来は作曲家になりたいと思っている。私の母は、ピアノの演奏家になることを目指していたが、大学の時にあきらめたそうだ。しかし、母は、夢を実現させようとがんばったから、ピアノや音楽のすばらしさが理解できたし、目標に向かって努力する仲間のすがたが、自分を成長させてくれたと言う。作曲家への道はけわしいものだろう。しかし、たとえ実現しなくても、夢に向かって努力した時間は、人を成長させると信じている。

（三百五十字）

（四百字）

次の文章を読んで、下の1～2に答えなさい。

ところが……、その感動も、ありがたみもつかの間のことだったのです。

「そこまでやってくれるのなら、もっともっと楽をしたい。」

全自動といっても、スイッチを入れ洗濯《せんたく》が終了《しゅうりょう》すればそれで洗濯が完結《かんけつ》するわけではありません。洗濯物を干《ほ》し、乾《かわ》いた洗濯物を取り込《こ》むという手間をめんどうと感じるようになっていきました。『いっそのこと、たたんでタンスにしまってくれたら……。だって全自動なんだから……。』などと、乾いた洗濯物を見るたびに思うようになりました。いささか極端《きょくたん》な望《のぞ》みとは思いつつも、さらなる「便利《べんり》」を求《もと》めるのは自《し》然《ぜん》なことです。わたしは、二槽《にそう》式洗濯機で洗濯槽と脱水槽《だっすいそう》の間で洗濯物を往復《おうふく》させたことなど、すっかり忘《わす》れていました。最近《さいきん》では、干すところまでやってくれる乾燥機能《かんそうきのう》つきの洗濯機も出てきましたが、この便利さもやがてあたりまえのものになってしまうのでしょうか。

①なんとも勝手なものですね。でもこれは、人間が持っている「便利さ」に対する共通の心の動きなのかもしれません。ある家電メーカーの開発者は、新製品《せいひん》のセールスポイントとして取り扱《あつか》いやメンテナンスが簡単《かんたん》であることを強調すると、ユーザーからは「もっと簡単なものがほしい」

ガイド 「　」をうめながら、読み進めよう。

「二槽式洗濯機で洗濯槽と脱水槽の間で洗濯物を往復させたこと」とは、かつて「あたりまえ」だったことがすっかりすたれたということを表しています。

1 ――線①「なんとも勝手なものですね」とあるが、筆者はどのようなことを「勝手」といっているのか。百二十字以内《いない》で説明《せつめい》しなさい。（解答欄《かいとうらん》は70ページ）

「人間が持っている『便利さ』に対する共通の心の動き」とはどういうことでしょうか。「～こと」につながるように、これと同じ意味を表している十七字ちょうどの部分をぬき出しましょう。

便利さの価値が相対的に下がっていく　こと

本冊68ページ

という感想が返ってくると話していました。どこまでも簡単に、どこまでも便利《べんり》に。もっと楽に、もっと速く、もっと正確《せいかく》に、もっとたくさん、もっときれいに……。わたしたちがこのような「もっと」を持っているために、便利さはすぐに「インフレ*」を起こします。便利なものが増《ふ》えたり便利さに慣《な》れたりすることで、便利さの価値《かち》が相対的《そうたいてき》に下がっていくのです。そして、意外と底《そこ》の浅《あさ》かった「自動の底力」にちょっと失望《しつぼう》し、全自動洗濯機《せんたくき》による洗濯は「軽減《けいげん》された家事」ではなく、「ふつうの家事」へと格下《かくさ》げされました。そしてはじめて手にしたときの目の覚《さ》めるような驚《おどろ》きやうれしさは、「全部が自動じゃない全自動洗濯機」への不満《ふまん》、もしくはあきらめへと姿《すがた》を変《か》えていきました。

新しい機械《きかい》を手に入れて感動と落胆《らくたん》を繰《く》り返す。みなさんにも覚《おぼ》えがありませんか。

〈佐倉統《さくらおさむ》・古田《ふるた》ゆかり『おはようからおやすみまでの科学』〉

*インフレ　ここでは「物事の価値が下がること」をたとえている。

「軽減された家事ではなく、ふつうの家事へと格下げされました」とは、わかりやすく説明すると、それまでになかった新しい技術によって生活が便利になっても、それが［あたりまえ］のことになってしまい、［便利さ］を感じなくなっていくようになる、ということです。

2 ＝線「いっそのこと、たたんでタンスにしまってくれたら……。だって全自動なんだから……。」とあるが、「もしこのようなものができたら、もっと便利になる」とあなたが考える具体例《ぐたいれい》をあげ、さらに、それが実現《じつげん》したとき、生活はどのように変化すると予測《よそく》されるか、また、そのような変化の良い点、悪い点についてのあなたの考えを四百字以内で書きなさい。

（解答欄は71ページ）

（出題例　静岡・県立浜松西高中等部）

1

はじめは不便な二槽式洗濯機にかわって現れた全自動洗濯機の便利さに感動し、ありがたがっていたものの、それが「あたりまえ」と感じられるようになると、自動で乾燥までできるようになっても不便に感じて、もっと便利なものを求めるようになること。

2

［解答例①］

最近、自動運転で走る車の開発が進められているという。これが実現し、すべての車が自動運転になって、エンジンをかけて行き先を指示するだけで、勝手に移動してくれるようになったら、非常に便利だと思う。

むぼうな運転やいねむり運転がなくなり、交通事故がおおはばに少なくなるだろう。町はいっそう安全になるし、高速道路の事故がなくなれば、物の輸送がスムーズに行えるようにもなる。さらに、運転免許の制度がいらなくなる。子どもやお年寄り、または、障害のある人など、これまで一人で車を運転して移動することができなかった人たちでも、車に乗って移動できるようになる。

一方、だれもが車を利用するようになり、じゅうたいがあちこちでおこったり、駐車場に入りきれなくなったりするようになるだろう。日本の各地で、車での移動を前提にして、町や道路を作り直そうという動きがおこって、伝統のある町なみが失われるかもしれない。

2

［解答例②］

私は、漢字を覚えるのが苦手だ。本を読んでいても、わからない漢字がけっこう出てくる。読み方がわからないので、漢字辞典やパソコンで調べるのもめんどうくさい。結局、その漢字をとばして読んで、ストーリーがよくわからなくなる。

そこで、漢字にかざすと、意味や読みを教えてくれる機能をけいたい電話につけたら便利だと思う。パソコンや電子辞書よりもずっと簡単で早いし、外でも手軽に利用できる。しかし、便利な一方、失われるものもある。

父は、よく漢字をど忘れして、ワープロを使うようになったせいだという。漢字の読みを考える必要さえないこの機能が広まったら、みんなが漢字を覚えるのをおろそかにして、日本人の漢字の知識はますますおとろえていくかもしれない。その分を機械が補うからいいじゃないかとは、私には思えない。日本の文化や伝統の一部が失われるような気がして、心配だからだ。

2

【解答例③】

　家電製品が全部人間の言葉を理解できるようになったらすごいと思う。スイッチやリモコンのかわりに、「テレビつけ」と命令するとテレビがつく。クーラーにむかって「暑いよ」と言うと部屋を冷やし始める。反対に、ストーブが「消し忘れてます」なんて教えてくれたり、冷蔵庫が「たまごがそろそろ賞味期限です」と表示してくれたりしたら、生活から失敗やむだがなくなっていくだろう。

　そのうちに、だんだん家電製品に心があるかのように感じられてくる。友だちや家族のように思えて、古くなってもすてられず、ものを大事に使おうという人が増えるだろう。反対に、おせっかいというか、生意気に感じて、不満を持つ人もいるだろう。家電製品に見張られているようで、息がつまるという人もいるかもしれない。

　機械は機械、人間は人間という区別が意識されて、人間どうしのつき合いが見直されるようになるだろう。

本冊86ページ

次の文章を読んで、下の1〜2に答えなさい。

「お前ら、もうお遊びの時間は終わりだろ」

中学生は、僕達《ぼくたち》のサッカーボールを出入り口に向けて大きく蹴《け》った。

僕は転がっていったボールを目で追った。視野《しや》の隅《すみ》に後輩《こうはい》達の姿《すがた》が見える。皆《みな》、立ちすくんだまま、僕を見つめているのが分かった。

心臓《しんぞう》が高く打つのを感じた。僕は、勇気《ゆうき》を奮《ふる》い起こして「後から来たんじゃないか」と言わねばならなかった。少なくとも、「半分ずつ使おう」ぐらいは言わねばならなかった。

中学生が三角の目でにらんでいた。僕は、声を出せなかった。黙《だま》っていると、中学生が後輩達にさけんだ。

「お前ら、もう終わりだってさ」

僕は言葉《ことば》を返せず、くるりと中学生に背《せ》を向けてしまった。後輩達が、僕のことをさびしそうに見ていた。僕は、後輩達に歩みよると、「もう、終えようか」とつぶやいてしまった。

その晩《ばん》、食の進まない僕に、祖母《そぼ》が声をかけた。仕事で帰りの遅《おそ》い両親の代わりに、いつも祖母が夕食の相手だった。

「何かあったんかい」

ぽつりと尋《たず》ねられて、僕は昼にあったことを話した。話し終えると、祖母は僕に尋ねた。

ガイド ［　］をうめながら、読み進めよう。

はじめは、後輩たちは、自分勝手な中学生に「僕」が［ たちむかって ］くれるだろうと期待していたのです。

← 気持ちの変化《へんか》

しかし、中学生に言い返すこともできず、言いなりになってしまったおくびょうな「僕」を見て［ 失望 ］する気持ちになったのです。

「傷つける力」について、ここでは、「だれ」が「何」に傷つく(ことができる)ことを指しているのでしょうか。

［ 僕 ］が［僕自身の弱さ］に傷つくこと。

1 ——線①「そういうことに傷つける力があるのは立派なんだよ」とあるが、「傷つける力」とはどういうことか。「そういうこと」の意味を明らかにして説明《せつめい》しなさい。

［ 自分勝手な中学生に対して、はっきりと自分の考えを伝える勇気がなかった自分の弱さを認め、責めることができること。 ］

「一輝《かずき》が、私に話したのは、どうしてだい？」

質問《しつもん》の意味が分からなくて、僕《ぼく》は黙《だま》っていた。祖母《そぼ》が穏《おだ》やかな瞳《ひとみ》で、僕のことを真《ま》っ直《す》ぐに見つめた。

「その子が悪い奴《やつ》だから、私に愚痴《ぐち》を言ったのかい？　それとも、自分が弱い子だから、私に相談したのかい？」

僕は返答に詰《つ》まった。半々のような気がした。そう答えると、祖母は、

「一輝はえらいね」

と思いがけない言葉《ことば》を言った。

「一輝は自分の弱いところに気がつけたから、えらい」祖母は目じりに皺《しわ》を刻《きざ》んで続《つづ》けた。①「そういうことに傷《きず》つける力があるのは立派《りっぱ》なんだよ。普通《ふつう》はあきらめちゃうんだ」

「傷つける力」というのがよく分からなかったが、祖母の言葉は、とても力強く僕の背《せ》を押《お》してくれたような気がした。

「今日、一輝が使い損《そこ》ねた勇気は、貯金《ちょきん》しとき」

「貯金？」

「『勇気の貯金』だよ」

祖母は目じりの皺をもっとたくさん刻んで、優《やさ》しく笑った。

「今日、使い損ねた勇気は、貯金しておくといいよ。これからも同じだよ。使い損ねた勇気は、いつも貯金しておき。いつか、もっともっと大切な場面で、きちんと一輝が使えるように、忘《わす》れずに貯金しておくんだよ」

祖母の言葉を聞いて、②いつの間にか、僕はポロポロと涙《なみだ》を流していた。


〈榊邦彦《さかきくにひこ》『約束《やくそく》』〉

「背を押してくれた」をわかりやすく言いかえると、「はげましてくれた」ということになります。

「いつか、もっともっと大切な場面で、きちんと一輝が使えるように忘れずに貯金しておくんだよ」という祖母のことば。

＝

一輝には「　勇気　」を発揮《はっき》するのにふさわしい、もっともっと「　大切な場面　」があるということ。

←

この日のできごとは「　大した　」ことでなく、「思い悩む」必要《ひつよう》はないとなぐさめてくれているのです。

2 **――線②「いつの間にか、僕はポロポロと涙を流していた」とあるが、なぜ僕は涙を流したのだと考えられるか。理由を説明《せつめい》しなさい。**

落ちこむ自分をはげましてくれる祖母のことばをありがたく思い、救われた一方で、自分を頼っていた後輩たちを裏切ってしまった自分が情けなかったから。

（出題例　東京・開成中）

本冊88ページ

次の文章を読んで、下の1～2に答えなさい。

私が子供《こども》のころは、しょっちゅう＊灯火管制《とうかかんせい》がしかれ、東京の夜は真っ暗でした。いつ空襲警報《くうしゅうけいほう》が鳴るかとハラハラしながら物干《ものほ》し台にあがり、吸《す》い込《こ》まれそうな星空を見あげるたび、いったいだれがこれをつくっただろうと不思議《ふしぎ》でならなかった。何か人間を超越《ちょうえつ》した力があるのではないかなどと、漠然《ばくぜん》と考えたものです。

医学部に入って人体解剖《かいぼう》の実習をしたときもそうでした。六十兆《ちょう》もの細胞《さいぼう》から構成《こうせい》されている人体の複雑《ふくざつ》かつ精巧《せいこう》なメカニズムに圧倒《あっとう》され、どういう発明家がこれほど美しい生命を生み出したのかと思いを巡《めぐ》らさずにはいられなかった。その思いがやがてキリスト教と結《むす》びつき、五十八歳《さい》のときカトリックの＊洗礼《せんれい》を受けるにいたります。

自然のなかに身を置《お》いたとき、あるいはまた生命の神秘《しんぴ》に触《ふ》れたとき、私同様、人間を超《こ》えた大いなる力のようなものを感じる人は多いでしょう。キリスト者である私にとって、それは神ですが、自然の摂理《せつり》と呼《よ》ぶ人もいる。なんと呼ぼうが、人間には決してつくることのできない美を生み出した何ものかを前に、誰しも謙虚《けんきょ》な気持ちになるはずです。

いや、神も自然の摂理も存在《そんざい》しない。すべては偶然《ぐうぜん》のなせるわざだと言う人もいるでしょう。しかし、ちょっと考えてみてください。

ガイド　［　　］をうめながら、読み進めよう。

「医学部に入って人体解剖をしたときもそうでした」とは、どういうことを指しているでしょうか。空所にあてはまるように、ここより後の文中から十五字ちょうどでさがしてみましょう。

［　　］ものを感じたということ。

人	間	を	超	え	た	大	い	な	る	力	の	よ	う	な

「すべては偶然のなせるわざだと言う人」と、同じような人としてあげられている別の人を指す七字のことばをぬき出しましょう。

科	学	万	能	主	義	者

最新《さいしん》の宇宙論《うちゅうろん》によれば、百三十七億《おく》年前、無《む》から宇宙が誕生《たんじょう》した十の三十四乗分の一秒後にビッグバン*が起こり、チリやガスが固《かた》まりぶつかり合って星々になり、四十六億年ほど前に太陽や地球が生まれた、ということになっています。地球に海が形成され原始生命が誕生したのは、三十八億年前。それからずうっとくだって二億五千万年前に哺乳類《ほにゅうるい》が、千七百万年前に大型《おおがた》のサルが出現《しゅつげん》し、約《やく》七百万年前に直立二足歩行をはじめた……。

永遠とも思える時の流れのなかで数限《かずかぎ》りない偶然が積《つ》み重なった果《は》てに、私たちの命がある。そのことに思いを馳《は》せれば、どんな*科学万能主《ばんのうしゅ》義《ぎ》者も、自分が今ここで生きているという奇跡《きせき》に対し感謝《かんしゃ》の念《ねん》を抱《いだ》かずにおれないでしょう。いや、生きているというより、むしろ生かされているのだという謙虚《けんきょ》な気持ちになるはずです。

自然は、傲慢《ごうまん》になりすぎた人間を謙虚にし、思索的《しさくてき》にしてくれる。自分たちもまた全体の一部であることを思い出させ、感謝の気持ちを呼び覚《さ》ましてくれる。①自分と自分のまわりにいる者の幸せを願《ねが》い追求《ついきゅう》し続《つづ》けた結果《けっか》、とてつもない不幸《ふこう》を招《まね》き寄《よ》せようとしている私たちにとって、それは今や非常《ひじょう》に大切なことだと思います。

〈加賀乙彦《かがおとひこ》『不幸《ふこう》な国の幸福論《こうふくろん》』〉

*灯火管制　夜間、敵《てき》の来襲《らいしゅう》に備《そな》え、消灯をすること。
*洗礼　キリスト教で、信者《しんじゃ》になる儀式《ぎしき》。
*ビッグバン　宇宙のはじめに起こったと考えられる大爆発《だいばくはつ》。
*科学万能主義　科学によってすべてが解決《かいけつ》できるという考え。

「数限りない偶然が積み重なった果てに、私たちの命がある」を、書きかえると、「私たちは［生まれてこなかった］確率の方がはるかに高い」となります。

1 **——線①「自分と自分のまわりにいる者の幸せ」とあるが、どのようなことを指しているのか。一例をあげなさい。**

［日本人がふだんの生活に必要な食糧や家具、衣料品をつくるために、遠くはなれた国の森林をばっさいしなければならない。］

［自然］とふれあうことで、自分たち人間が［謙虚］になるということを指しています。

2 **筆者の考えをまとめなさい。**

［私たち人間は、大いなる自然によって生かされている存在だということを忘れず、謙虚に感謝の気持ちをもって生きるべきだ。］

（出題例　神奈川・横浜雙葉中）

次の文章を読んで、下の1～3に答えなさい。

「私《わたし》」は、中岡信一《なかおかしんいち》という人物を「信サン」と呼《よ》んで、彼《かれ》との少年時代を思い出している。「信サン」は、ある事情《じじょう》から義父母《ぎふぼ》（養父母《ようふぼ》）に育てられていた。ある日、「私」は本屋に向かう途中《とちゅう》で見知らぬ三人の少年に取り囲《かこ》まれ、土手下に連《つ》れていかれる。そこには「信サン」がいた。

信サンは、そこで一人、ザリガニをとっているところのようだった。

いつも着ている黒い古びた学生服の、その腕《うで》とすそをたくし上げて川の浅瀬《あさせ》にひざのあたりまで入っていた。学校の備品《びひん》の金《かな》バケツが近くに置《お》いてあり、中で数匹《すうひき》の赤い大きなザリガニがゴソゴソと動き回っていた。泣《な》き声を上げる寸前《すんぜん》であった私《わたし》は、しかしそうすることも一瞬《いっしゅん》忘《わす》れて、眼前《がんぜん》の、川中に立つ信サンをぼんやりと、ただ見つめた――。

（中略）

三人は一瞬とまどった様子《ようす》だった。

ひと気のない場所に連れ込《こ》んだつもりが、そこに何者かがいたので勝手が違《ちが》ったのだろう、どこかひるんだ様子があった。だが、それが自分らと同じくらいの子供《こども》であることが分かると、落ち着きを取り戻《もど》し、その表情《ひょうじょう》に、またスレたふてぶてしさをみせた。

ガイド　［　］をうめながら、読み進めよう。

本冊98ページ

三人がこんな場所に「私」を連れ込んだのは、［金をまきあげよう］とたくらんだからです。

「お前、なんしよっとか、こげなところでっ」

一人が敵意《てきい》をたっぷりとふくんだ声で、信サンにそう言った。信サンは黙《だま》っていた。

「オイッ、なんしよるとかち、聞きよろおがっ」そいつは荒《あら》げた声で、そうつづけた。

「おれがここでなんしよったちゃ、おまえに関係《かんけい》なかろおが」信サンはそいつにそう応《こた》えた。そして、

「おまえたちゃ、どこの者《もん》か」

そう言って三人をにらみつけた。

その目には、子供《こども》なりのすごみのようなものが確《たし》かにあった。

三人は黙った。

これはただものではない、とでもいったような何かを、そこに感じとったようでもあった。

「……おい、よかけん、その二百円だけ盗《と》って早《は》よ帰ろうや」別の一人が少しあせるような調子でそう言い、他《ほか》の二人が、おう、とかなんとか言いながら、倒《たお》れている私につかみかかってポケットの百円札《さつ》を盗ろうとした――

信サンがその二人に飛びかかった瞬間《しゅんかん》を私は記憶《きおく》していない。信サンの動きは、それほどすばやかった。いつ川から出たのやらも分からぬまま、あっという間に二人を弾《はじ》きとばし、立ちつくしているもう一人の顔を手に持った大きな石で音が響《ひび》くほどになぐりつけた。バッ、となぐられた少年の口もとから血が噴《ふ》き出したとき、あっさりと勝負はついた。

「信サン」がどんな人物かイメージして、次の場面の展開《てんかい》を予想しながら読みましょう。

三人は腰《こし》をぬかすようにして、仁王《におう》立ちの信サンをみた。それから、口をおさえて泣き出してしまった一人を他《ほか》の二人で抱《かか》えるようにしながら、もつれるように川べりをかけ上っていった。「おぼえちょけよっ」という捨《す》てゼリフと一緒《いっしょ》に、あわただしく走り去って行く自転車の音が、橋の下の私《わたし》の耳に聞こえた。

私は、荒《あら》い息をはきながら、そこに倒《たお》れたまま動けずにいた。なぐられた少年の口から噴《ふ》き出した血のおぞましさが、まだ私に衝撃《しょうげき》をあたえつづけていた。信サンはだまってそこに立ち、倒れているままの私を見ていたが、やがてはきすてるように、「よその者にやられんなっ」そう一つどなって、右手に握《にぎ》りしめていた大ぶりの石を、足元に投げ捨てた。

そのとき私は――何を思ったか――倒れたまま、ポケットから二枚《まい》の百円札を取り出すと、それを信サンに向けて差《さ》し出していた。信サンは、その私の右手を*けげんそうにじっと見つめた。

そのときの私には、不思議《ふしぎ》と、もう信サンに対しての恐怖心《きょうふしん》はなかった。かわりに、まだ輪郭《りんかく》のはっきりしない、なにか尊敬《そんけい》に似《に》た気持ちさえ、そこにかすかにうまれていたように思う。

「やる」

右手をさらに差し出すようにして、私は信サンに言った。信サンは、その二枚の百円札を少しの間見ていたが、「いらんっ」と何か腹立《はらだ》たしそうな声で言い捨てて、川辺《かわべ》のザリガニの入ったバケツへ歩み寄《よ》ろうとした。――その、信サンが一、二歩私から遠去かろうとしたとき、橋の

「ポケットから二枚の百円札を取り出すと、それを信サンに向けて差し出していた」という行動を「私」がとったのは、あぶないところを助けてくれた信サンに［　お礼　］をしなくてはいけないと思ったからです。

「腹立たしそうな声」とありますが、このとき信サンはどんなことが言いたかったと思いますか。気持ちがわかるように「話しことば」で考えて答えましょう。

［　「おれは金がほしくておまえを助けたんじゃない」　］

上で自転車の止まる音がして、だれかが急ぎ足で川原に下りてくる足音が聞こえた。

（中略）

「……守《まもる》」と目を見開いたまま、母は小さくつぶやいて、倒《たお》れている私《わたし》を見た。それから、ゆっくりと、私の前に立つ信サンを見た。

それはどうにも、信サンには分《ぶ》の悪い光景《こうけい》ではあった。

倒れたままの私の服はどろだらけで、半ズボンからのぞいたひざこぞうはすりむいてうっすらと血が出ている。おまけに右手に持った二枚の百円札を目の前の信サンに向かって差《さ》し出したままでいた。その信サンがまた、私の前で、いかにも今ひと暴《あば》れし終えたところのように、ほどよく汚《よご》れており、何よりも、そこにいるのは母も幾度《いくど》か目にしたことのある*フダツキの少年なのだった。

見つめる母と、見つめられる私たちの間に、すこしの時間がながれた。

（何か言わなければ）と、私が、信サンのために口を開こうとしたとき、橋の上で、また、自転車が止まる音がした。

「どげんか、したとですなあっ!?」という大きな声が、どすり、どすり、という重い足音と一緒《いっしょ》に土手を下りて来るのがわかった。

やがて、そこに、腰《こし》をかがめ、橋の下をのぞきこむようなかっこうで制服《せいふく》の巡査《じゅんさ》が姿《すがた》を見せたとき、信サンは、一瞬《いっしゅん》、身をひるがえして逃《に》げようとした。

「待たんかっ!!」そう一つどなりつけ、信サンの足を止めると、それから巡査は、ゆっくりと母を見、私を見た。そしてそこでいま何が起きて

「分の悪い光景」とは、信サンが「私」に［　乱暴　］をはたらいて、［　金をまきあげよう　］としているようすに見えてしまうことを言っています。

「何か言わなければ」とは、「私」が、信サンはぼくが［乱暴されている］ところを［　助けて　］くれたのだ、と伝《つた》えようとしたということです。

いたのかを、一瞬《いっしゅん》の内に了解《りょうかい》したようだった。

「信っ!!　おのれは、またっ!!」そう声を荒《あら》げて信サンに走り寄《よ》ろうとした巡査《じゅんさ》を、しかし一瞬はやく、母はおしとどめていた。

「……なんか、違《ちが》うごとあるですよ」

母はそう言って巡査をみた。それから、ゆっくりと信サンに顔を向けると、「ね……たすけてくれたとやろ?」

わずかに目をうるませながら、母はそう言って、信サンにほほえみかけた。

信サンの、私《わたし》の母への尊敬《そんけい》と＊思慕《しぼ》は、この瞬間《しゅんかん》に生まれた。

そしてそれは、その一生を通じて、信サンのなかに変わることなくありつづけるものとなった。

「……中岡《なかおか》くん……やった?」

巡査が帰ったあと、母は＊風聞《ふうぶん》のなかでいつかおぼえた少年の名字《みょうじ》を、そう口にしてみた。信サンは意外なほど素直《すなお》な調子で、コクリと一つうなずいてみせた。

「……下の名前はなんて言うの?」

「——信一《しんいち》」

そう答えた少年に、「なら、信サンやね」母はそう言って一つ笑《わら》った。

それから「信サンはけがせんかった?」私のひざこぞうに自分のつばをぬりながら、母はそう言って信サンをみた。

「しちょらんっ」

「信!!　おのれは、また!!」という巡査のことばからは、信サンが「　乱暴　」をくりかえしていることがわかります。

「巡査」とは対照的《たいしょうてき》に、「私」の「母」は「信サン」の本当の姿《すがた》を見ぬきます。

「なら、信サンやね」とあだ名をつけたことには母の信サンに対する「　親しみ　」が、「信サンはけがせんかった?」ということばには母が信サンを「　心配　」する気持ちがよく表れています。

信サンは、ただそれだけを答えて、クルリと向きを変えると、怒《おこ》ったようにズボズボとまた川へ入っていった。そして川の中で向こう向きにたたずんだまま、突然《とつぜん》ポロポロと大きな声で泣きじゃくりはじめたのだった。

（中略）

信サンは、その日を境《さかい》にして少しずつ変《か》わっていった。

だが目に見えて変化《へんか》したのはむしろ私の日常《にちじょう》のほうで、私はその日以来《いらい》、信サンという最高《さいこう》の友だちを得《え》ることが出来たのだった。

信サンは、まったく最高の友だちだった。

それが信サンの本来の個性《すがた》でもあったのだろうが、信サンは、快活《かいかつ》で、力強く、そして私に言わせれば遊びの天才のようでさえあった。

「信サンは天才ばい」

私は事あるごとに母にそんなことを言った。

「分かったけん、早《は》よ、ごはん、食べ」

そう言っていつまでも片付《かたづ》かない私の夕食をたしなめながらも、母は、ときにくすくすと笑《わら》いながら、私の語る信サンの話をいつも楽しそうに聞いてくれた。

私にとって、信サンと過《す》ごす毎日に退屈《たいくつ》な時間など一秒もなかった。

外で遊ぶということをほとんど知らなかった私を、信サンは町のあちこちに連れて行ってくれては、そこで様々なことをおしえてくれた。昆《こん》虫《ちゅう》の群《む》れる樹木《じゅもく》のありかや、その幼虫《ようちゅう》がひそんでいる製材所《せいざいじょ》の裏《うら》や、あるいは川岸に身を寄《よ》せる魚の捕《と》り方や――また運動神経《しんけい》が抜群《ばつぐん》に発達《はったつ》

「しちょらん」という発言と、「とつぜん大きな声で泣きじゃくりはじめた」という行動について、

(1) 「けがせんかった？」と聞かれても「しちょらんっ」としか答えなかったのはなぜですか。わかりやすく説明《せつめい》しなさい。

［これまでやさしくされたことがなかったので、どうしてよいかわからず、とまどってしまったうえ、うれしさを表に出すのがはずかしかったから。］

(2) 母からやさしく声をかけられた信サンが泣いたのはなぜですか。これまで信サンが大人たちからどのように思われていたのかをふまえて、わかりやすく説明しなさい。

［これまで悪い子どもとしてしかあつかわれなかったのに、「私」の「母」から信じてもらえた上に、やさしいことばをかけられたことがうれしかったから。］

している信サンは何をやってもうまかった。木登りも、泳ぎも、野球も、出来ないものは何もないと言ってよかった。そして器用《きよう》でもあったのだろう、メンコやビーダマなどをやっても他《ほか》の子供《こども》たちの群《ぐん》をぬいていた。近所の子供たちとやり合うときは、私《わたし》はいつも、わくわくしながら信サンのそばでそれを見ていた。信サンが勝てば、それで私は自分が勝ったような気分にもなれるのだった。大人たちにあれほど疎《うと》まれることの多い信サンが、しかし子供たちの間では意外に人気があることを知ったのも、そんな毎日の中でのことだった。

（中略）

信サンが私の母を思慕《しぼ》する気持ちは、子供心にも私にははっきりと感じられていた。そしてそのことを、私は少しも不快《ふかい》に思ったことはない。二人で家の中で遊んでいるとき、たとえば母が何か片付《かたづ》けものなどをしているのに気がつくと、信サンは遊びの途中《とちゅう》でも母のそばに行き、それを手伝《てつだ》った。頭痛《ずつう》持ちの母が少し眉間《みけん》にしわを集めると、「おばさん、頭が痛《いた》いと？」と心配そうに母をみつめていた。

一度、母が熱《ねつ》を出して二日ばかりねこんでしまったことがあった。二学期が始まって間もないころのことで、外《おもて》には秋のはしりの雨が庭の八つ手の葉を鈍《にぶ》くぬらしつづけていた。

私と信サンは縁側《えんがわ》のそばにねころんで漫画《まんが》を読んでいた。そのうち、少し体調を持ち直したらしい母が起きて来て、並《なら》んで寝転《ねころ》んでいる信サンと私に何か冗談《じょうだん》めいたことを言ってからかい、それから隣《となり》の茶の間で座椅子《ざいす》にもたれてぼんやりとテレビを眺《なが》めはじめた。

大人から疎まれる「信サン」は、養父母にも甘えられない「さびしさ」を「私の母」によっていやされているようです。

テレビは、人気ホームドラマの再放送《さいほうそう》をやっていた。そのなかで、干《ほ》し柿《がき》を食べる場面か何かがあったのだろう、「ああ干し柿がおいしそう」と母がつぶやくように口にした。

その声が、開け放したふすまごしに、隣《となり》で寝転《ねころ》んでいる私たちに聞こえるでもなく聞こえた。信サンは漫画雑誌《まんがざっし》からヒョイと顔を上げ、「おばさん、干し柿、好《す》いちょると？」と母に向ってそう尋《たず》ねた。――え？というふうに信サンを見た母は、「ああ、うん、好いちょるよ」と聞かれるままに、そう応《こた》えた。

信サンが三、四十個《こ》はあろうかという干し柿をブラ下げて家にやって来たのは、あくる日の、学校の終わった午後のことだった。

なわに結《ゆ》わかれたままのそれをうれしそうに持ち上げて、「おばさん、干し柿、持って来ちゃったばい」そう言って信サンは笑《わら》った。

それがどこかから＊くすねて来たのだろうことは小学校三年の私にも何となく分かった。思えばその日、学校が終わった頃《ころ》から、信サンは何となく、あやしかった。いつものように五年生の校舎《こうしゃ》に迎《むか》えに行くと、「今日は、ちょっと寄《よ》る所があるき、おまえ、先に帰っちょれ」信サンは私にそう言って、にたりと笑った。言われるままに私は家に帰り、信サンの来るのを待った。ほどなくやって来た信サンは、大量《たいりょう》の干し柿をブラ下げてうれしそうに笑っていた――

母は、

「それは、どうしたんね？」

「信サン」は「私の母」を「思慕する」気持ちから、干し柿を持ってきてしまったのです。そこで、この場面以外《いがい》でそのような「信サンの気持ち」が行動となって表れたようすを示《しめ》した一続きの二つの文を、ここより前からさがし、一文めの初《はじ》めの五字をぬき出しましょう。

二	人	で	家	の

とは言わなかった。

一瞬《いっしゅん》の間のあとで、うれしそうに一つ笑うと、「ありがとう。もらうね」とそれをくったくなく両手で受けとった。

それから、それを数個ずつ小皿に分け、キッチンのテーブルで、母は、皿を自分と私たちそれぞれの前に置《お》いた。信サンは自分の前に置かれた小皿をおしやり、「おれは、よかよ。おばさん食べない」そう言って、それを食べようとはしなかった。なんだか私も食べるのがはばかられるような雰囲気《ふんいき》で、「……おれも、よかよ。お母さん、食べない」そんなことを言った。

母は声を上げて笑《わら》った。


私たちは、母と干《ほ》し柿《がき》を家に残《のこ》して表へ遊びに出た。晩夏《ばんか》ではあったが、まだ日は長い。その時間からでも、どこへでも行けたし、なんでもできた。私たち二人は高台の坂をころがるようにしてかけ下りて行くと、つまらぬことにゲラゲラと笑いあったりしながら歩いていた。笑っただけでも汗《あせ》ばんでくるような、残暑《ざんしょ》の残る午後だった。

そのとき、突然《とつぜん》、私たち二人は大きな声で背後《はいご》から呼《よ》びとめられた。ふり向くと、家にもよく配達《はいたつ》に来る、米屋のおじさんがそこに立っていた。五分《ごぶ》刈《が》り頭の、がっしりとした大男のおじさんで、信サンはこの大男に「戦車《せんしゃ》」というあだ名をつけていた。「戦車」は米屋であるほか、町内会の世話役のようなこともやっている人だった。

その戦車が、「信っ！」と大きな声を上げながら私たちに近づいてきた。


「一瞬の間」が空いてしまったのは、このとき母がどのようなことを考えていたからでしょうか。その内容を示《しめ》した一文をさがし、初《はじ》めの五字をぬき出しましょう。

夕	方	に	、	よ

（248行目）

「自分はいいから、おばさん食べなよ。」ということです。

「おまえ、渡辺《わたなべ》のばあさんところの庭先から干《ほ》し柿《がき》カッパラって逃《に》げたちゅうが、本当かっ！」そう言って戦車《せんしゃ》は私たちの前に立った。

(やっぱり)と私は信サンのとなりでそう思った。そして、(信サン困《こま》ったことになったなあ)とそんなことを考えた。

信サンはここのところ、そう目立った悪さもせずに過ごしていたところで、母もそのことを喜《よろこ》んでいた。私は信サンのために、なんとかその場を切りぬけさせてやりたく思い、そんな知恵《ちえ》もないクセに小さな頭の中でいそがしく策《さく》をめぐらしてみたりしていた。

だが信サンは、私の知る限《かぎ》り、こういう時にごまかしたり嘘《うそ》をついたりすることはなかった。

(信サンは白状《はくじょう》するだろう)私はそう思った。

「本当かち聞きよろおがっ」戦車はそうたたみかけた。

「……ほんとう」と信サンは、はたしてそう答えた。

戦車はグイとその体をいっそう大きくするようにして、信サンをにらみつけた。「どこにあるとか？　出せっ、おいさんが返してきちゃるき」太い声でそう言うと、戦車は信サンの前に、そのごつい手のひらを差《さ》し出してみせた。

「……食うてしもた」信サンはやっと聞きとれる程《ほど》の声で、そう答えた。

「食うて――」戦車は驚《おどろ》いた顔をした。

「食うてしもたち、おまえ、渡辺のばあさんは四十個ばかりつり下げとったのを全部持って行かれたち言いよったぞ、それを全部食うたちや？」

信サンは、こくりとうなずいてみせた。

「戦車」はこのように厳《きび》しくしかりますが、実は「信サン」のことを親身になって考えてくれています。「戦車」は「信サン」のためにどうしてやろうと思っていたかがわかる部分を「戦車」のことばの中からさがし、十三字でぬき出しましょう。

お	い	さ	ん	が	返	し	て	き	ち
や	る	き							

「……食うてしもた」は、［ 信サン ］が［ 私の母 ］をかばうためについたうそです。

「ぼ、ぼくも、いっしょに食うた」私《わたし》は隣《となり》で思わず声を上げた。どう考えても、信サンひとりで四十個の干《ほ》し柿《がき》は無理《むり》な気がした。もっとも八歳《さい》の私が参加《さんか》したところで大した違《ちが》いはなかったのだが。

戦車《せんしゃ》はチラと私を見て、すこし困《こま》ったような顔をしてみせた。

「……まあ、よかろ」そしてそう言った。

戦車は信サンに目をもどすと、少し優《やさ》しい声音《こわね》で、こんなことを語りかけた。

「おい、信、おまえ近頃《ちかごろ》は顔も明るうなって、あんまり暴《あば》れもせんようになったと思って、おいさんは喜《よろこ》んじょるんぞ。それでまたこげなことしたら、なんもならんやないか、おう？」

信サンは黙《だま》って地面を見つめつづけていた。その様子《ようす》が、同じ子供《こども》の私にも、なにか、ひどく悲しげなものにみえた。

「……もう、よか。渡辺のばあさんには、おいさんが都合《つごう》よう、しとくけん、もうせん、ち言うなら、それでよかたい、どこでん遊びに行け」

意外にも戦車はそんなことを言って私たちを解放《かいほう》しようとした。すぐにも逃《に》げ出そうとした私の隣《となり》で、しかし、どうしたのか信サンは動こうとしなかった。戦車は、そんな信サンをいぶかしむように見つめた。

しばらくそうしていた信サンは、つと顔を上げると、「……義父《とう》ちゃんに言うとやろ？」と戦車にそう尋《たず》ねた。

戦車は自分を見上げる少年の顔を少しの間みていたが、「……中岡《なかおか》さんに言うたら、またお前が火の出るごつ殴《＊く》らされるやろ、黙っとっちゃる、心配すんな」そう応《こた》えた。

「ぼ、ぼくも、いっしょに食うた」は、［　私　］が［　信サン　］をかばうためについたうそです。

信サンはこれまでは手のつけられない［　乱暴者　］という見方をされていました。だれにも本来の姿《すがた》をわかってもらえず、［　さびしい　］思いをし、かたくなに心を閉《と》ざし、強がってわざと［　乱暴する　］ようなところもありました。しかし、母に［　信頼　］され、あたたかく接してもらうことで［　素直　］になり、本来の姿を見せるように変化してきています。

この部分から、信サンは、実の父親がいないうえ、周《まわ》りの大人が心配するほど義父《ぎふ》が［　激しい暴力　］をふるう家庭に育っていることがわかります。

「本当な？」なおもそうたずねる信サンに、「ああ、本当たい」戦車は太い声でそう約束《やくそく》した。

「……おいさん、ありがとう」信サンはうれしそうな顔で、戦車に礼を言った。「おれはもう、干《ほ》し柿《がき》、盗《と》らんばい」

「干し柿だけやない、なんでも人の物は盗ったらいかん、おまえは馬鹿《ばか》やないとやから、それくらいのことは分かろおが」戦車は言った。

……うん、と信サンはうなずき、「おいさん、ありがとう」とそうくり返して笑《わら》った。

「よかよ。――そいじゃな」

戦車は、そう言って立ち去りかけたが、ふと立ち止まると、「信よ」とふり向いて、また信サンをみた。「おいさん、おまえに礼を言うとを忘れちょった。何日か前、娘《むすめ》がドブにソロバン落として泣きよったとき、おまえドブん中に入って拾《ひろ》てくれたそうやな。水道できれいになるまで洗《あろ》てもろたち、娘が言いよった。世話んなったな、礼言うとくぞ」

戦車は、そう言いのこして帰っていった。

母は、そんな大変《たいへん》なことがあったとも知らず、私が家に帰ると、のんきに、まだ干し柿を食べたりしていた。

私は少し腹《はら》が立って、ことのいきさつを母に話した。

「知っちょるよ」と母はこともなげに言った。

「さっき、渡辺《わたなべ》さんのところに、おわびに行って来た。そしたら『よかけん食べなっせ』と言って、おばあちゃん、コレくれたと。裏《うら》にまだいっ

自分たちは、母が食べたいと言い出した柿のせいで［たいへん］な思いをしてきたのに、何も知らない母が［のんき］に干し柿を食べていて、まるで［他人事］のように思えたので、「私」は少し腹が立ったのです。

ぱいあるらしいよ」そう言って満足《まんぞく》そうに指をなめてみせた。

夕方に、よく近所を散歩《さんぽ》して歩く母は、信サンの持つそれを見たとき、これは渡辺《わたなべ》サンの所に下がっていたやつではないかと、すぐにそう思ったのらしい。

結局《けっきょく》、干《ほ》し柿《がき》はそれから十日ばかりの間の母のオヤツとなった。

信サンは毎日のように家に来ては、母が干し柿を食べるのをうれしそうに眺《なが》めていた。信サンが来ると、母はショータイムでも始める芸人《げいにん》のように、小皿に干し柿をのせ、信サンの前でおいしそうに食べてみせた。

それは実際《じっさい》においしかったのだろうし、母は本当に干し柿が好きでもあったようなので、さして無理な「ショー」ではなかっただろうとは思う。何よりも信サンのうれしそうな顔を見るのが、母も楽しかったのだろう。米屋の戦車《せんしゃ》にしかられたいきさつを知っている母は、結局、信サンには、そのことに関して何も言わなかった。

ただ、その何日後だったかに、母と信サンに、こんなやりとりがあった。

四十個ほどの干し柿も、次第に残り少なくなっていき、いよいよそれが最後《さいご》の一皿となった午後、「おばさん、もうそれで、干し柿は終わりな？」と信サンが、どこかつまらなそうな顔で、母に聞いた。

「うん、これで、終《しま》い。ゆっくり食べんといかんね」母はそう言って笑った。

「まだ、食べたいな？」信サンは母をみた。

「いんや。信サンのおかげで、おいしい思いを、させてもろた。もうこ

信サンが「毎日のように家に来ては、母が干し柿を食べるのをうれしそうに眺めていた」のは、自分を［　信頼　］してくれたうえに大切にしてくれることに［　感謝　］するとともに、母が［　喜ぶ　］ようなことをして役に立ちたいと願《ねが》う気持ちがあったからです。

「信サンが来ると、母はショータイムでも始める芸人のように、小皿に柿をのせ、信サンの前でおいしそうに食べてみせた」のは、これまでよく思われていなかった信サンが、自分をしたい、役に立ちたいと思うことで［　素直　］になったので、その気持ちにこたえ、自分が［　喜ぶ　］ことで信サンを［　喜ばせ　］てあげたいと考えたからなのです。

1 信サンが、明るく素直《すなお》な少年に変わったのはどんなことがきっかけになったと思うか。わかりやすく説明《せつめい》しなさい。

［これまで乱暴者としてしかあつかわれず、心を閉ざしていた自分を信じてくれ、やさしくしてくれた「私の母」に対して感謝や思慕の気持ちを持つようになったこと。］

2 だれかのおかげで、それまでとはちがう自分になれたような、あなた自身の経験《けいけん》を説明しなさい。

れで、干《ほ》し柿《がき》は当分、よかよ」母は答えた。
「ほかに、なんが食べたい？」そうたずねる信サンに、
「なんも。あとは信サンが、どんどん良《よ》か子供《こども》になってくれたら、おばさんはうれしいよ」母はそうはほえんで、信サンのぼうず頭を、ひとつなでた。
信サンは、それで、母の言わんとすることのすべてを、感じとったようだった。

〈辻内智貴《つじうちともき》『信さん』〉

*けげんそうに　不思議《ふしぎ》そうに。
*フダツキ　悪い評判《ひょうばん》がたっていること。
*思慕　したう気持ち。
*風聞　うわさ。
*くすねて　ぬすんで。
*殴らされる　なぐられる。

[例] 年のはなれた姉と兄がいる私は、家族から子どもあつかいされることに慣れてしまっていた。しかし、課外活動で、お年寄りが暮らす施設を訪問したとき、ひとりのおじいさんが、日ごろのさびしさがいやされてうれしかった、と感謝してくれた。こんな私でも、人から頼られ、感謝されることもあるのだと思い、もっとしっかりした自分になりたいと思うようになった。

3 この物語から、あなたはどのようなことを学んだか。わかりやすく説明《せつめい》しなさい。

（出題例　東京・麻布中）

[例] 人はだれでもひとりで生きていくことはできない。また、自分に自信を持つことはとても難しい。しかし、どんなに心を閉ざしていても、人から温かくされ、認めてもらうと、その相手の期待に応えようとしてがんばることができる。「信サン」が「私の母」に支えられたことで、どんどん素直になっていく姿から、信頼や期待が人を前向きにさせるということを学んだ。

1章 これだけで苦手から脱出《だっしゅつ》！

（⇩p.20～21）

問1

好意をもっている野村さんのサイン帖が下駄箱に入っていたことにおどろくとともに、サインを求められたことがうれしく、少しでも早く中が見たいとあせる気持ち。

✓チェック 「校庭にとびだした」「思い切り走る」などから、まずは「恭介」の気持ちを考えます。そのあと、なぜ、そのような気持ちになったのか、理由を考えよう。サイン帖《ちょう》なんて書かないと言ったのに、「野村さん」のサイン帖を手にしたとたんに、あわてる姿《すがた》から、「恭介」の「野村さん」に対する心情《しんじょう》を読みとろう。

問2

みんなのありきたりなことばを読むと、卒業して別れることを本気でさびしがっているとは思えず、心がこもっていないように感じたから。

✓チェック 11～12行目に「おなじような言葉ばかりが並んでいた」とあります。ありきたりな言葉《ことば》ばかりなので、「おもしろくもないや」と言ったと考えられます。「だからサイン帖なんて書かないと言ったんだ」という気持ちもまざっているとも考えられます。

問3

中学校に入ると、好きな野村さんと会えなくなることがさびしくてならないが、このまま同じ小学生でいることはできず、卒業までの残りの時間をおしむ気持ち。

✓チェック 24～25行目「あいつよりかわいい子がいて」や「それはあいつじゃない」から、「野村さん」とは同じ中学に行けないことが読み取れます。野村さんと会えなくなる「未来《みらい》」のことなんて考えたくない、卒業《そつぎょう》前の「今」が自分には大事であることを「野村さん」に伝《つた》えたかったのでしょう。

2章 物語文の記述《きじゅつ》対策《たいさく》

（⇩p.36～39）

問1

しかられると思ったのに、ほめられたから。

✓チェック 「ぱあっと明るくなった」という表情《ひょうじょう》の変化から、「けやき」の気持ちが明るく変化したことがわかります。この気持ちの変化の理由（きっかけ）は直前の「パパ」の「やるじゃないか」ということばです。

問2

あたらしい生活が始まってたいへんな思いをしたこと。

✓チェック まず、何に「うなずいた」のか考えよう。直前の「パパ」の「たいへんな思いをさせちゃったな」ということばにうなずいたのです。

問3

ママがさびしい思いをしていたことなど考えもせず、自分の不満ばかりに目を向け、家族のみんなを思いやってこなかったこと。

✓チェック 41行目からの「パパ」のことばから、「ママ」もさびしい思いをしていたことを知ります。そんな「ママ」に対する自分の態度《たいど》を、48〜50行目で反省《はんせい》しています。また、57〜60行目から、「パパ」の体の不調を感じていながら、自分のこと以外《いがい》に気をつかうのをいやがっていたことも反省しています。

問4

家族のだれかが困っているときには、話を聞いてあげて力になってあげることはできるはず、ということ。

✓チェック ——線部の「扉」は63行目の「心のドア」で、これを「ノックしたくなった」とは、自分の気持ちをだれかに聞いてほしくなった、ということです。そんなときに、相手の身になって話を聞いてあげることは、できるはずということです。63〜64行目の「心のドアをあけておく」とは、家族に対して無関心《むかんしん》な態度《たいど》を取らず、困《こま》ったときに相談しやすい関係《かんけい》でいることでしょう。

3章 説明文《せつめいぶん》の記《き》述《じゅつ》対策《たいさく》

（⇩p.54〜57）

問1

電車から降りるときに無言で人を押しのけるのはやりすぎだ。

✓チェック 1〜9行目では、満員《まんいん》電車の中で「無表情」「無言」でいるのは仕方がない、と述《の》べています。これが「程度問題だ」というのは、ある程《てい》度《ど》をこえると、「仕方がない」などですまされる問題ではなくなるということです。この「ある程度」をこえているものとして、無言で人を押《お》しのけて電車やエレベーターから降《お》りてゆくという行為《こうい》をあげています。

問2

混雑した乗り物などから降りるとき、無言で人を押しのけ出口に向かって移動する人間。

✓チェック ——線部には「このモグラ人間」と前の内容《ないよう》を指示《しじ》することばがついています。第二〜四段落《だんらく》の内容を受けており、この三つの段落で筆者に批判《ひはん》されているのはどんな人かをまとめます。第二段落は電車での例《れい》、第三段落はエレベーターなどでの例ですので、解答《かいとう》は「電車で」や「エレベーターで」とはせずに、「乗り物などで」のようにまとめよう。

問3 (1)

サービスの場面でも、客が事務的に注文し、店員も事務的な応対をしてしまうこと。

✓チェック 指示《しじ》することばの内容《ないよう》を答える問題で、すぐ前の内容をまとめます。喫茶店《きっさてん》でコーヒーを注文する場面はあくまでも例《れい》です。筆者が「どうにかならないか」と考えているのは、34行目の「さまざまなサービスの場面」についてです。

問3 (2)

無意味なる会話

✓チェック ——線部の次の段落《だんらく》からは、「事務的でない」例《れい》として、アメリカのコーヒー・ショップの場面があげられています。この中で筆者が強調しているのは、自然《しぜん》と会話が交《か》わされるようになっている点です。この会話によって、53〜54行目「人間どうしのかかわり合いの形は、ずいぶんことなったものになる」と述《の》べられています。「ことなったものになる」ことは、筆者の立場からすれば、「改善される」ということです。

問4

日本の民衆生活の中で、黙々と働くことが美徳とされ、また、以心伝心の方法で社会を維持してきたこともあり、人間どうしのかかわりにおいて会話が重要とされなかったから。

✓チェック ——線部の直後に「いったいなぜか——」とあって、筆者が自分で問いかけて、これに答えるという形で強調していて、これから理由が述《の》べられることがわかります。後の内容《ないよう》を読み、理由として解答《かいとう》に利用できる部分に線を引くなどしながら読めば、必要な要素《ようそ》が取り出せたでしょう。64行目に「また」とあり、この後にもう一つつけ加えられていることがわかります。この前後二つの要素を、字数に合わせて短くしながら、解答に盛《も》りこもう。

4章 公立中高一貫校「作文」対策《たいさく》

(⇩p.72〜75)

問1

人が人生の目的に迷わず進んでいくために身につけなければならない知識や、人との接し方や人の気持ちの感じ取り方についての心がまえ、そして自力で問題を解決した経験から得られる自信を自分の中にたくわえていくこと。

✓チェック たとえが具体的《ぐたいてき》に言い表していることがらを考える問題です。——線部の次の二つの段落《だんらく》が、——線部の言いかえ・具体的な説明《せつめい》になっています。13行目「また」の前後から二つの要素《ようそ》を取り出そう。ここでの「地図」とは、勉強することによって頭や心にたくわえられるものです。これがあれば、人生において「知らない場所や世界」でも、迷《まよ》わず生きていける、または自信を持って生きていけるということです。

問2 ［解答例①］

勉強するということは、将来、知らない世界でどんな心がまえでいればいいのかを教えてくれたり、自分に対する信頼の気持ちを持たせてくれたりする。もし、勉強が十分でなく、社会に出なければならなくなったら、どうしてよいかわからず、とても不安だろう。

先日、ニュース番組で、日本のインターネット利用者が一億人にせまると伝えていた。日本の人口のほとんどの人がインターネットを使っていろいろな情報を手に入れ、意見をやりとりしている。このような通信技術はもっと進歩して、より便利な社会になっていくだろう。こんな中、インターネットのことをまったく知らず、使い方もわからないとしたら、ほかの人が何をしているかわからず、社会の活動からおいていかれてしまうことになるだろう。

科学のことばかりでなく、社会の仕組みなど、いろいろなことを知れば知るほど、知らない世界はなくなっていく。そうすれば、生きていくのに不安はなくなり、社会で活動の場がどんどん広がるのだと思った。

✓チェック 自分の経験《けいけん》や意見を引き出すきっかけとして「もし、〜がなかったら…だろう。」の形の文を使っています。もし、問題文に関係《かんけい》する自分の経験や意見に思い当たらなかったら、この形の文を使うことで、自分の経験や意見を引き出せないか、ためしてみよう。

［解答例②］

筆者は、勉強することで、「いろんなことを知っている自分」に変わって、自信が育っていくと書いている。本当にその通りだと思った。しかし、自分が変わっていくことは、自分にはなかなかわからない。

去年の夏休み、祖父母の家に遊びに行ったときのこと。私が夏期講習の準備をしていると、祖父が「みゆきは、今何年生なんだ。こんなむずかしいことを習っているのか。」とおどろいていた。祖母からは「そういえば、顔つきや言葉づかいが近所の子たちよりもしっかりしている。」と言われた。私はなんだかほこらしい気持ちになった。

私は一生けんめい勉強しても、テストの点が悪いと落ちこんでしまい、勉強するのがいやになってしまうこともあった。しかし、祖父母の言葉で、点数に表れなくても、つらい勉強をしたことは、私に自信をつけさせて成長させてくれているのだと感じた。

この文章を読み、「心の地図」という言葉にふれて、ばく然と感じていたことに、納得のいく説明をしてもらったような気がした。

✓チェック

文章の中で一番印象《いんしょう》に残った部分から、自分の経験《けいけん》に結びつけています。最初《さいしょ》に結論《けつろん》（「感じたり考えたりしたこと」）を述《の》べて、その理由となる経験をくわしく書き、最後《さいご》にもう一度、結論を書いています。「おどろいていた」「ほこらしい」「落ちこんでしまい」「ばく然と」「納得のいく」といった「気持ちことば」を使うことで、文章がひきしまります。自分の気持ちや考えを表すためのことばを、たくさん身につけよう。

［解答例③］

　最後の「心の地図をたくさん手に入れながら自分を信頼して歩いて行くと、夢や希望にたどりつける」という部分を読んで、昨年の社会科見学のときに聞いた話を思い出した。

　見学に行った先は、工作用のロボットを作っている工場だった。私はまるで生き物のように動くロボットに夢中になり、将来、ロボットを作る仕事をしたいと思った。そこで、設計の仕事をしているという人に「どうしたらロボットを作る仕事ができるようになれますか。」と質問した。その答えは「学校の勉強はもちろん、本をたくさん読んだり、スポーツをしたりして、いろんなことに興味を持ちましょう。」だった。算数や理科をきわめるのだろうと思っていた私は意外に思った。新しいロボット作りで行きづまったときなど、専門以外のことをよく知り、経験が豊かな人のほうが、すばらしいアイディアがひらめくことが多いそうだ。

　どんな仕事でも、目的にまっすぐ進めるときばかりではない。そんなときのために、自分への信頼とたくさんの「心の地図」が必要なのだと感じた。

✓チェック

「将来《しょうらい》の夢《ゆめ》は何か」「中学校で学びたいことは何か」「最近《さいきん》気になったニュースは何か」「小学校生活で一番印象《いんしょう》に残っていることは何か」などは、事前に考えておくとよいでしょう。必ず、その「理由」もあわせて考えておこう。

［解答例④］

　勉強することで「自分に対する信頼の地図を作っていく」と書いてあるのを読んで、ふだん祖父から言われているのは、こういうことだったのかとふに落ちた。

　祖父は中学校を卒業してすぐに働きに出て、家を支えていた。私にはよく「思い切り勉強できるのは幸せなこと。」「きちんと勉強しておかないとあとで後悔するよ。」と言う。私は、学校で勉強したことが社会に出て役立つのか、疑問に思うことがある。祖父だって、りっぱな社会人として仕事をし、母をふくめ、三人の子どもを育ててきたではないか。そのことを祖父に言うと、「仕事でも子育てでも、まちがったやり方をしているのに、気づいていないのではないかという不安や、学問がないた

めに、よけいな苦労をしているのではないか
という不満を感じることがあったそうだ。
　こういう不安や不満は、「自分に対する信
頼の地図」が足りないときに起こるのだろう。
そんな不安や不満のない人生を歩んでほしい
という祖父の忠告の意味がよく理解でき、勉
強することの大切さに気づかされた。

チェック 「自分の経験《けいけん》」の部分に家族の話をあてるのもよいでしょう。ただし、単なる家族の紹介《しょうかい》に終わらないように、「自分の気持ち」もしっかり書くようにします。

5章 これだけで記《き》述《じゅつ》名人!

(⇩p.90〜93)

問1

おばちゃんにはわかった麗音の心のかがやきを、担任である自分が気づくことができず、情けなかったから。

チェック 「体をかがめて小さくなった」という姿勢《しせい》から、心情《しんじょう》を読みとりましょう。そして、なぜ、そのように感じるのか理由を考えます。「中川先生」は、「おばちゃん」にはわかる「麗音」の心のかがやきに気づくことができず、犯人あつかいしてしまいました。このことを情《なさ》けなく思っているのです。心情の部分が「恥《は》ずかしく思っている」「恥じている」なども正解です。

問2

叱られた人の心を傷つけることなく、過ちを自覚させ、自分をけがすようなことはしないと決心させること。

チェック ――線部の「そういうこと」は、おはじきを盗《ぬす》んだ「おばちゃん」を「おじいちゃん」がしかる場面を受けています。「おじいちゃん」がどんなことをしたり、言ったりしたかから、「おじいちゃん」のしかり方の特徴《とくちょう》を抽象《ちゅうしょう》化《か》してまとめよう。顔をかくして天狗《てんぐ》のふりをしたのは、相手が「心を痛めなくてもいいように」(70行目)です。「おばちゃん」に一番わかってほしかったのは、「自分の心がようく見とるぞ。自分をけがすことは、やってはいかんのだぞう」(52〜53行目)ということです。

問3

おじいちゃんの相手の心を傷つけないという思いやりに感動し、同時に自分が傷つけられたつらさを思い出し、それがおばちゃんのことばでなぐさめられ、はりつめていた気持ちがやわらいだから。

チェック 複数《ふくすう》の感情《かんじょう》がふくれあがって、「涙があふれた」のだと考えられます。「麗音」のおかれた状況《じょうきょう》、「おばちゃん」のことばに対する心の動き、「おじいちゃん」のような大人がいると知ったときの感動の気持ちなど、想像《そうぞう》を働《はたら》かせよう。